Paola
Leone

attività di ascolto

1
elementare
pre-intermedio

ELI

schede fotocopiabili

Autore: Paola Leone
Progetto grafico: Silvia Centeleghe
Illustrazioni: Angelo Maria Ricci
Copertina: Craig Cornell - Studio Cornell sas

Ringraziamo Paola, Roberto, Matilde e Margherita per aver messo a disposizione i testi delle loro registrazioni private.

Casella Postale 6 - Recanati - Italia
Tel. +39/071 750701 - Fax +39/071 977851
E-mail: info@elionline.com
www.elionline.com

Stampato in Italia - Tecnostampa Recanati - 03.83.039.0

ISBN libro con CD audio **88 - 536 - 0017 - 9**
ISBN libro con audiocassetta **88 - 536 - 0018 - 7**

SOMMARIO

INTRODUZIONE

Ricezione, comprensione di testi orali e apprendimento linguistico

Prima di parlare una lingua straniera dobbiamo essere in grado di comprenderla.
L'esposizione a frammenti di scambi comunicativi (orali o scritti) serve a elaborare nuove competenze lessicali, grammaticali e comunicative e a muovere i primi passi verso il bagaglio di conoscenze e di convenzioni su cui si articolano la lingua e la cultura di studio.
Sebbene il momento ricettivo di discorsi detti o scritti sia fondamentale, il processo di apprendimento va sostenuto da una fase più attiva, in cui il nuovo lessico e le regole linguistico-comunicative vengono impiegate nel corso di esercitazioni motivanti, modellate sugli usi reali della nuova lingua.
Attività di ascolto propone testi registrati e schede didattiche elaborate secondo questi principi.

I testi orali

I testi utilizzati per le attività di ascolto sono stati elaborati da attori che hanno improvvisato monologhi e dialoghi sulla base di canovacci in cui si suggerivano situazioni e argomenti. Si tratta perciò di parlato semi-spontaneo, ampiamente utilizzato anche in studi scientifici poiché conserva proprietà della comunicazione orale autentica. Le registrazioni mantengono, infatti, gli aspetti linguistici salienti che caratterizzano la comunicazione quotidiana tra parlanti nativi. Ripetizioni (es. scheda 11), segnali discorsivi (*mh, hm,* ecc., es. scheda 1), fatismi (*diciamo che è divertente*..., es. scheda 9), interruzioni (es. scheda 19), autocorrezioni (es. scheda 17), false partenze (*è qualcosa che... è un libro*, es. scheda 17), tendenza alla ridondanza (es. scheda 6) rendono questa raccolta di testi distante da produzioni preconfezionate ed educano l'apprendente a comprendere la lingua adoperata nei contesti comunicativi naturali.

Pubblico

Il volume, composto di registrazioni e di schede didattiche fotocopiabili con relative soluzioni per le singole attività, è per apprendenti di livello elementare e pre-intermedio. Gli argomenti sono adatti ad un pubblico eterogeneo per età e interessi e gli esercizi possono essere utilizzati sia dall'insegnante in classe sia in situazione di autoapprendimento. I giovani e gli adulti che, anche da soli, vorranno servirsi di *Attività di ascolto* per lo studio della lingua italiana troveranno utili le soluzioni poste nella parte conclusiva del volume.

Obiettivi e metodologia

Le registrazioni propongono testi che, a prima vista, possono apparire complessi per l'intenso flusso del parlato, tipico della comunicazione naturale. Ciò non deve intimorire né l'apprendente né l'insegnante: i compiti didattici proposti nelle schede orienteranno nel processo di comprensione dei significati fondamentali e serviranno a disegnare una mappa rappresentativa di ogni singolo contesto culturale. Attività preparatorie, domande, tabelle aiuteranno a selezionare informazioni in un testo, proponendo una metodologia di ascolto utile per capire il parlato quotidiano in situazioni di comunicazione reale.

Ogni scheda suggerisce diverse attività ma gli spunti offerti dalle registrazioni sono molto più numerosi. Per contrastare l'immagine statica e monolitica della lingua proposta dalle grammatiche, l'insegnante potrà mostrare i momenti in cui, nei testi registrati, i parlanti adoperano forme linguistiche devianti rispetto alla norma (es. l'uso dell'indicativo in luogo del congiuntivo), facendo conoscere così agli apprendenti la varietà di usi linguistici che caratterizza l'italiano parlato.

Guida all'utilizzo del testo

Le schede e le registrazioni si propongono come materiale complementare da affiancare a qualsiasi corso di italiano in adozione.
Ogni scheda è autonoma, ovvero non è collegata alla precedente o alla successiva né per argomento né per grado di complessità. Si può scegliere in quale momento proporla in classe, tenendo presente che le attività di ogni scheda richiedono circa trenta/quaranta minuti per poter essere portate a termine.
Naturalmente, è opportuno che l'insegnante conosca bene i testi delle registrazioni e delle schede per decidere, sulla base della sua conoscenza delle competenze e degli interessi della classe, quanto tempo e attenzione dedicare alle attività di pre-ascolto.

CONTENUTI

CONTENUTI

1 SALUTI

1. Completa i dialoghi con le formule di saluto più adatte.

Buonanotte
Buongiorno
Ciao
Buonasera

1

2

3

4

2. Ascolta e indica in quale dialogo parlano le persone.

	1	2	3	4	5
A due conoscenti	☐	☐	☐	☐	☐
B una madre e un figlio	☐	☐	☐	☐	☐
C due amici	☐	☐	☐	☐	☐
D un professore e una studentessa	☐	☐	☐	☐	☐

3. Ascolta di nuovo i dialoghi e scrivi che cosa dicono le persone per salutarsi.

Dialogo 1 ....

Dialogo 2 ....

Dialogo 3 ....

Dialogo 4 ....

Dialogo 5 ....

4. Quali saluti sono informali? Quali formali? Quali sono sia informali che formali? Se vuoi, aggiungi altre forme di saluto che conosci.

Saluti informali: ....

Saluti formali: ....

Saluti informali/formali: ....

1. Scrivi sotto i disegni che cosa fanno le persone.

Esce di casa.
Si sveglia.
Si veste.
Si lava.
Fa colazione.
Si alza.

1 ....

2 ....

3 ....

4 ....

5 ....

6 ....

2. Ascolta la registrazione e indica se le seguenti affermazioni sono vere o false. Correggi quelle false.

	V	F	
1 Parla una studentessa.	☐	☐	....
2 Si sveglia alle 8.	☐	☐	....
3 La ragazza fa colazione con un caffè.	☐	☐	....
4 Studia con il suo ragazzo.	☐	☐	....

3. Ascolta di nuovo e completa: a che ora esce da scuola la ragazza?

il lunedì	il martedì	il mercoledì	il giovedì	il venerdì	il sabato
alle	alle	alle	alle	alle	alle ....

4. Completa questa tabella con le tue abitudini e quelle di un tuo amico o di una tua amica.

Io...	Il mio amico/la mia amica...
mi sveglio alle	si sveglia alle ....
faccio colazione con	fa colazione con ....
esco di casa alle	esce di casa alle ....
torno a casa alle	torna a casa alle ....

3 UNA RICETTA

1. Per la parmigiana di melanzane occorrono questi ingredienti e questi accessori di cucina. Dài a ogni disegno il nome giusto.

melanzane
pomodori
mozzarella
uova
cipolla
basilico
parmigiano
olio
sale
farina
casseruola
teglia

1 ……………

2 ……………

3 ……………

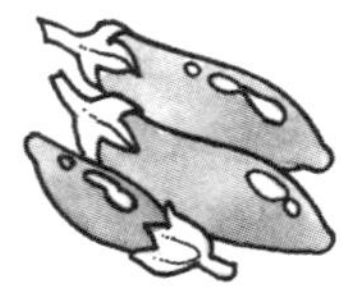
4 ……………

5 ……………

6 ……………

7 ……………

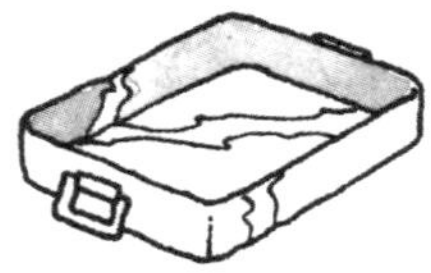
8 ……………

9 ……………

10 ……………

11 ……………

12 ……………

2. Ascolta la prima parte della ricetta e indica la quantità di ingredienti necessaria per 4 persone.

melanzane	……………	uova	……………	parmigiano	……………
pomodori	……………	cipolla	……………	olio	……………
mozzarella	……………	basilico	……………	farina e sale	*quanto basta*

3. Ascolta una volta la seconda parte della ricetta, guarda i disegni e descrivi le azioni che vedi. Nel riquadro trovi alcune espressioni che ti possono aiutare. Poi ascolta ancora e metti in ordine i disegni.

lavare
tagliare a fette
cuocere
soffriggere
disporre uno strato
spolverare di parmigiano
mettere nel forno

A ☐

B ☐

C ☐

D ☐

E ☐

F ☐

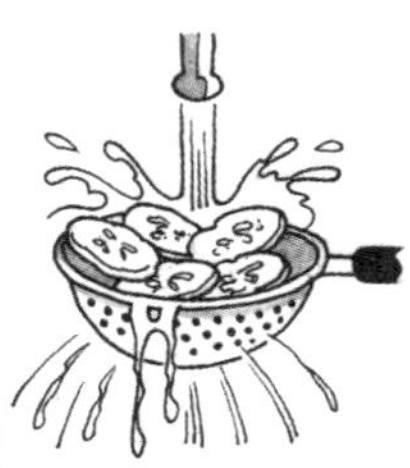
G ☐

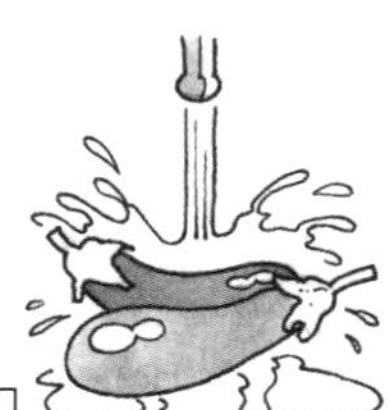
H ☐

1. Quali lingue conosci? Come le parli? Completa con il nome della lingua e la tua valutazione: *bene, poco, non più.*

Lingua straniera	______	______	______
Capisco	______	______	______
Parlo	______	______	______
Leggo	______	______	______
Scrivo	______	______	______

2. Ascolta il dialogo e indica se le seguenti affermazioni sono vere o false. Correggi quelle false.

	V	F	
1 Monica e Fabrizio sono amici.	☐	☐	......
2 Angela viene dalla Spagna.	☐	☐	......
3 Monica presenta Angela a Fabrizio.	☐	☐	......
4 Angela studia l'italiano da poco tempo.	☐	☐	......
5 Fabrizio capisce molto bene l'inglese.	☐	☐	......

3. Ascolta di nuovo il dialogo e completa i fumetti.

4. Collega ogni affermazione con l'esclamazione appropriata.

Beata lei!
Beati voi!
Povero lui!
Caspita!

1 È stanco. Ieri ha lavorato tutto il giorno. ....

2 Il costo delle case è ancora aumentato. ....

3 Parla molto bene l'italiano, l'ungherese e il finlandese. ....

4 L'estate prossima andremo in vacanza per un mese e mezzo. ....

5 INDOVINA CHE COS'È

1. Scrivi il nome di ogni forma geometrica.

cerchio
quadrato
rettangolo
triangolo

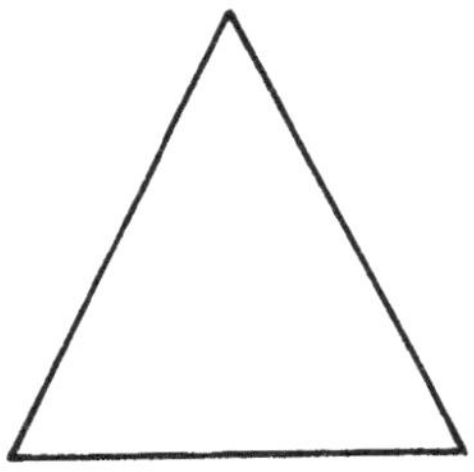

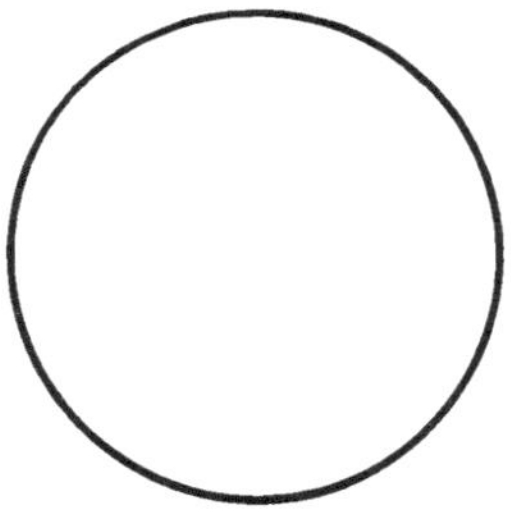

1 ....

2 ....

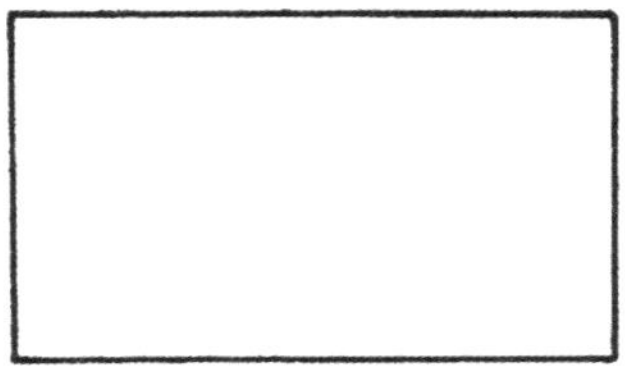

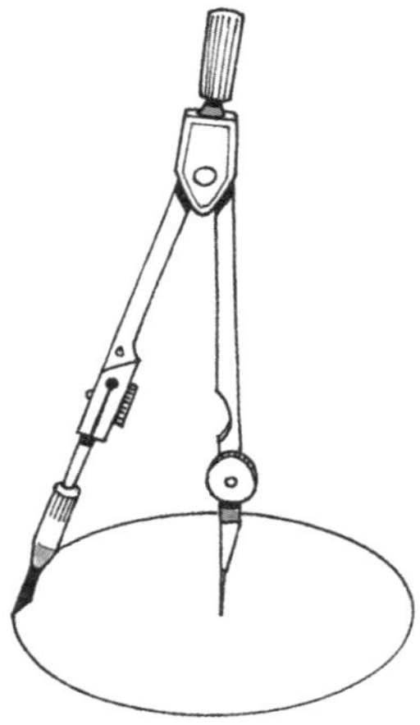

3 ....

4 ....

2. Ascolta la descrizione e indovina qual è il luogo descritto.

....

3. Ascolta di nuovo l'indovinello e completa la descrizione.

È .... cento metri e .... una quarantina di metri.

Al centro c'è un .... Ai lati ci sono dei .... con

delle ....

4. Sai...

1 … quanto è alto il soffitto della stanza nella quale ti trovi? ....

2 … quanto è larga la piazza principale della tua città? ....

3 … se è vero che l'Everest è alto 8.846 metri? ....

1. Guarda questa illustrazione di un aeroporto e scrivi le parole al posto giusto.

aereo
bagagli
check in
passeggeri
torre di controllo

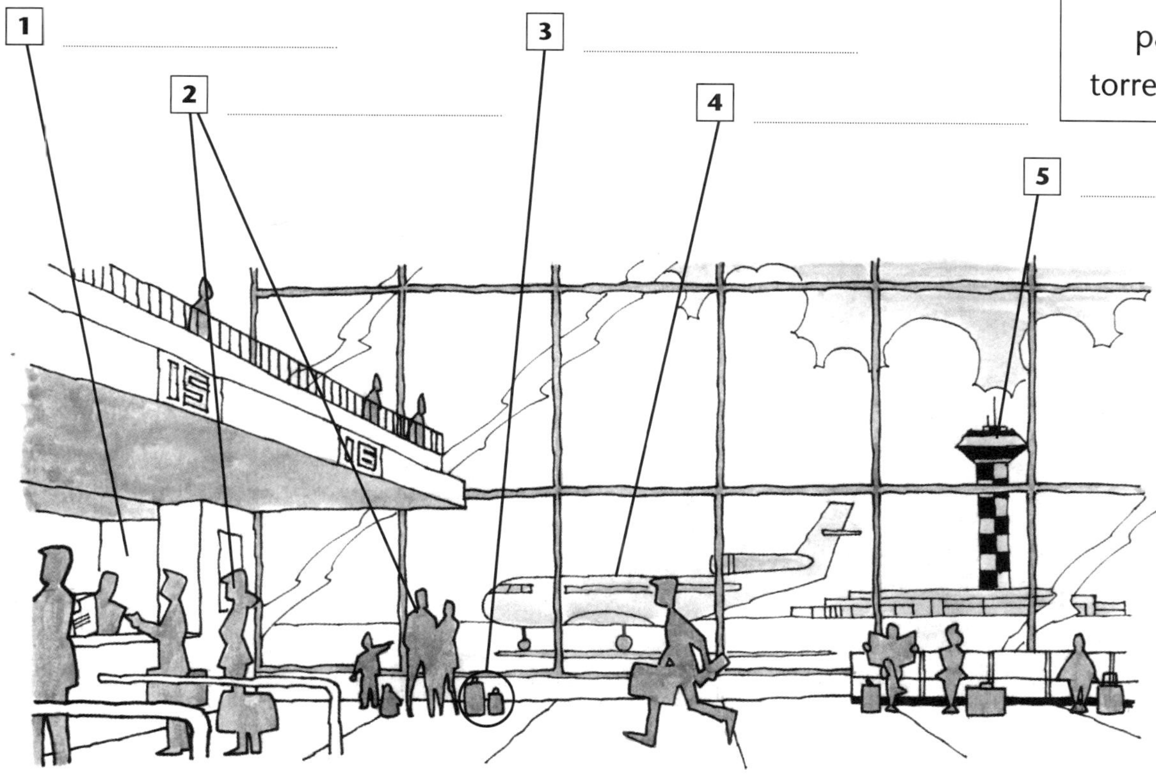

2. Ascolta il racconto di Fabrizio e rispondi alle domande.

1 Di quale città parla? ....

2 Dove si trova questa città? ....

3 Secondo Fabrizio, perché è molto bella? ....

4 Cosa si trova vicino a questa città? ....

3. Ascolta di nuovo il racconto e trova le seguenti informazioni.

1 Da dove è partito Fabrizio? ....

2 Da quali aeroporti è passato prima di arrivare? ....

4. Ascolta ancora e completa le seguenti frasi.

1 La parte del mondo più bella che ho visto è sicuramente ....

2 La città che ho visitato ....

3 Le strade sono ....

4 L'esperienza è stata ....

7 VIAGGIARE IN TRENO

1. Guarda il disegno e scrivi le parole al posto giusto.

il treno
il finestrino
il binario
il sottopassaggio
i passeggeri

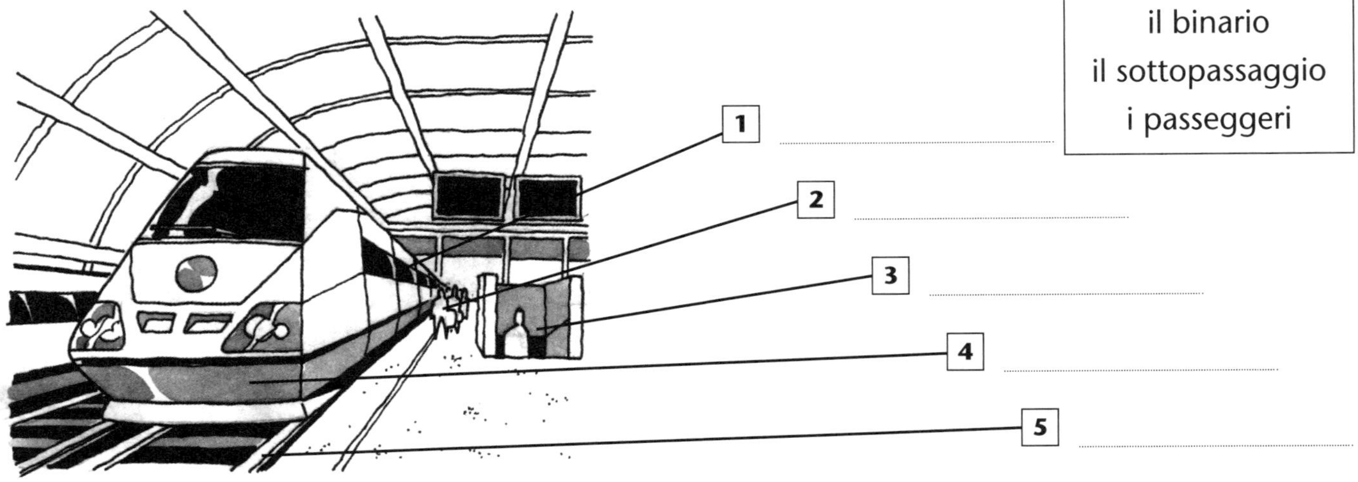

2. Ascolta la registrazione e completa la tabella con le informazioni disponibili. Metti un segno x se l'annuncio non contiene l'informazione.

	TIPO DI TRENO	STAZIONE DI PARTENZA	DESTINAZIONE
Annuncio 1	....	....	....
Annuncio 2	....	....	....
Annuncio 3	....	....	....

3. Ascolta ancora una volta l'annuncio 2 e rispondi alle domande.

1 Che cosa è cambiato nella partenza del treno? ....

2 Che cosa devono fare i passeggeri? ....

4. Ascolta ancora una volta l'annuncio 3. Scrivi le città che sono nominate e disegna nella cartina il percorso del treno. Se necessario, utilizza un atlante geografico.

....

....

....

....

1. Scrivi il nome degli oggetti sotto ogni disegno.

il dentifricio
il detersivo per i piatti
il rasoio
l'aspirapolvere
la crema per il viso
lo spazzolino da denti
lo spazzolone per i pavimenti
lo strofinaccio

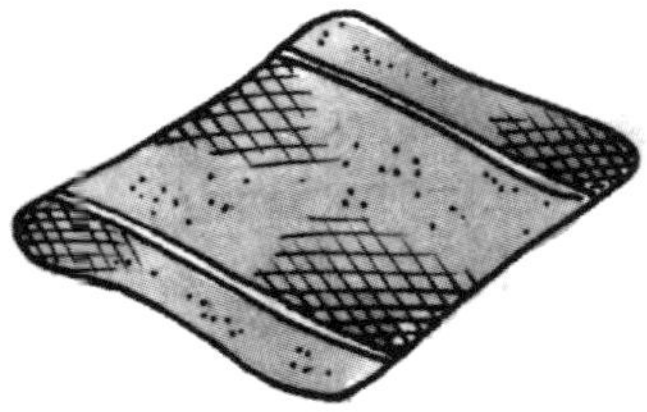

1 ....

2 ....

3 ....

4 ....

5 ....

6 ....

7 ....

8 ....

2. Nei cinque annunci pubblicitari non si dice chiaramente il nome del prodotto. Ascolta ogni singolo annuncio e segna quali delle espressioni riportate nella tabella hai sentito.

ANNUNCIO 1	ANNUNCIO 2	ANNUNCIO 3	ANNUNCIO 4
rive	radervi	irritante	prodotto
morale	assicurarvi	emozionante	ridotto
placca dentale	pelle	piace	pavimenti
salute orale	perle	spiace	eventi
gengive	cassetta di sicurezza	pelle sensibile	strofinaccio

3. Ascolta ancora una volta gli annunci e sottolinea gli oggetti pubblicizzati.

shampoo
spazzolone per pavimenti
spazzolino da denti
strofinaccio
crema per il viso
detersivo piatti
aspirapolvere
RASOIO

9 TEMPO LIBERO

1. Scrivi il nome degli sport rappresentati nei disegni.

il nuoto
la corsa
il pattinaggio su ghiaccio
lo sci alpino
il windsurf
l'equitazione
la ginnastica aerobica
i pesi

1 ....

2 ....

3 ....

4 ....

5 ....

6 ....

7 ....

8 ....

2. Ascolta le registrazioni e completa la tabella. Metti un segno x se il testo non contiene l'informazione.

	gli/le piace	non gli/le piace	gli/le piacerebbe	non potrebbe mai
Paolo				
Francesca				
Eleonora				

3. Completa questa tabella con le tue abitudini e quelle di un tuo amico o una tua amica.

	piace	non piace	piacerebbe
A me			
A			

4. Discuti con un tuo amico o una tua amica.

Quali sono gli sport più praticati nel tuo paese? Alcuni sport sono più praticati dalle donne e altri dagli uomini? Se sì, quali?
Di quale sport conosci le regole del gioco? Di quale sport non le conosci?

1. **Descrivi le persone nella foto. Nel riquadro trovi alcuni nomi e aggettivi che ti possono aiutare.**

alto
baffi
barba
basso
calvo
capelli
chiari
corti
donna
lisci
lunghi
magro
ricci
robusto
scuri
uomo

2. **Ascolta il dialogo tra un agente di Polizia e il Signor Rossi. Individua in uno di questi identikit la persona ricercata.**

1 ☐

2 ☐

3 ☐

4 ☐

3. **Ascolta di nuovo il dialogo. Che cosa ha fatto la persona ricercata?**

....

4. **Scrivi i nomi delle parti del corpo e degli oggetti che hai sentito nominare nella registrazione.**

Parti del corpo: *sopracciglia,* ....

Oggetti: ....

5. **Descrivi qualcuno della tua classe ai tuoi compagni che devono indovinare di chi si tratta.**

È una donna, ha i capelli corti, è alta ecc...

(11) AL BAR

1. Colazione al bar. Associa a ogni descrizione una o più bevande.

1 Si può bere alto/lungo o basso/ristretto.

....

2 Si può bere con poca o molta schiuma.

....

3 Si può bere caldo o tiepido.

....

4 Ha molto latte ma poco caffè.

....

5 È un caffè con poco latte.

....

2. Ascolta la prima parte della registrazione e segna la risposta giusta a ogni domanda.

1 Che cosa beve la signorina per colazione?
- ☐ un caffè
- ☐ un cappuccino con il cacao sopra
- ☐ un cappuccino ma senza cacao

2 Che cosa mangia per colazione?
- ☐ un cornetto con la marmellata
- ☐ un cornetto con crema e nutella
- ☐ un cornetto con la nutella

3. La cena. Come si chiamano questi cibi?

insalata
panino
salatini
pizza
bruschetta
olive
pasta asciutta

1 ....

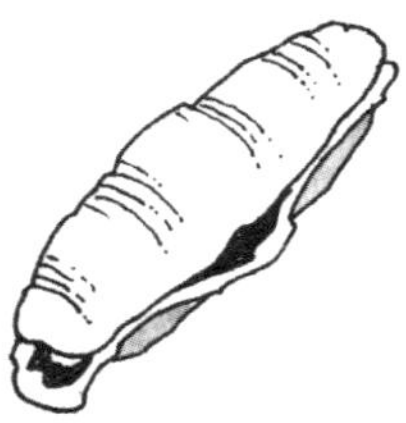

2 ....

3 ....

4 ....

5 ....

6 ....

7 ....

4. Ascolta la seconda parte e annota cosa ordinano Giovanni ed Eleonora.

Giovanni: ....

Eleonora: ....

1. Descrivi le piantine delle case oralmente o per iscritto.
Nel riquadro trovi alcune parole che ti aiutano.

- il bagno
- l'angolo cottura
- l'ingresso
- la cucina
- la sala
- la camera da letto

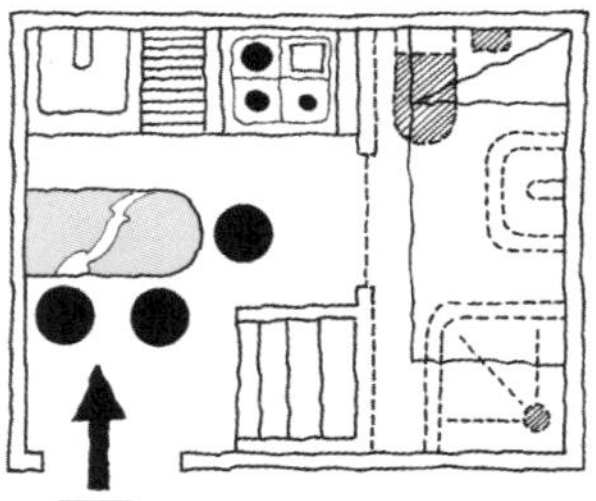

A

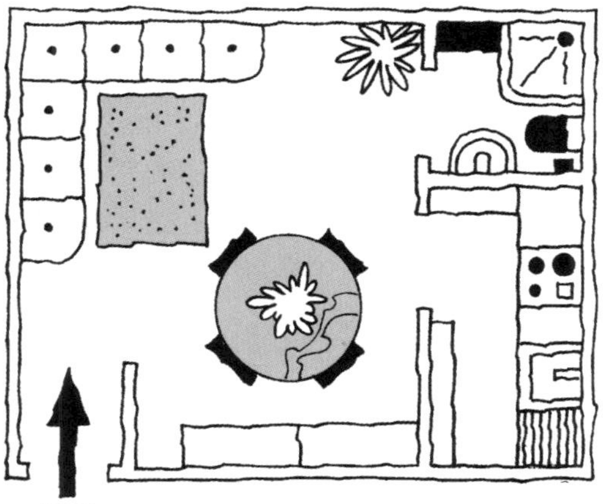

B

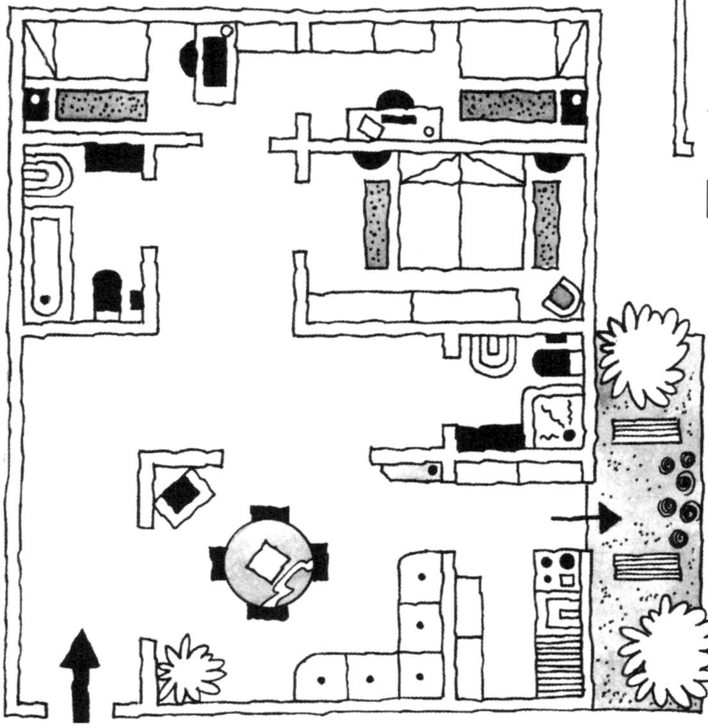

C

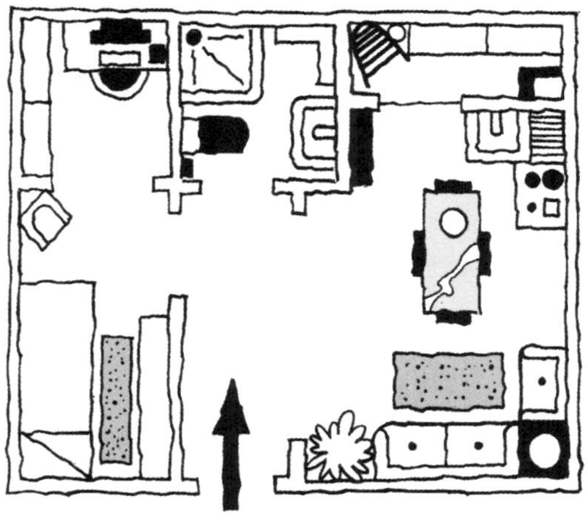

D

2. Ascolta le registrazioni e collegale alle piantine dell'esercizio 1.

1 ☐ 2 ☐ 3 ☐ 4 ☐

3. Ascolta di nuovo le registrazioni. Le descrizioni sono diverse dalle tue?

Se sì, quali sono le differenze? ……………………………………………

……………………………………………

Le descrizioni registrate hanno più informazioni? Se sì, quali? ……………………

……………………………………………

4. Annota le parole nuove che hai imparato dall'ascolto delle descrizioni.
Prova a riutilizzarle per descrivere la casa nella quale desideri vivere.
Seguendo le tue indicazioni, il tuo amico o la tua amica la disegna.

……………………………………………

13 I TRASPORTI PUBBLICI

1. Associa i nomi ai disegni. Con quale di questi mezzi di trasporto preferisci viaggiare? Perché?

autobus
treno
aereo
macchina

1 ....

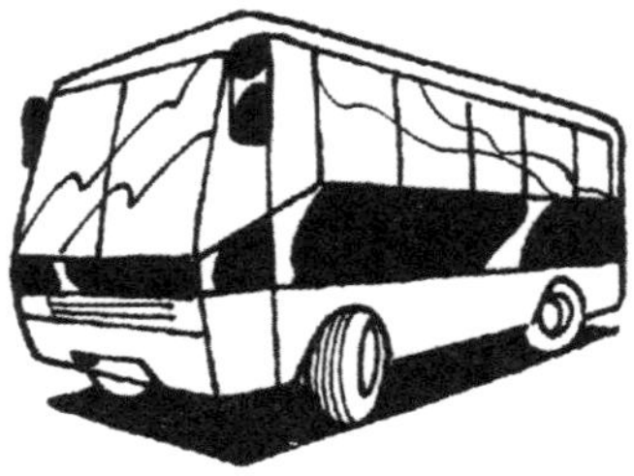

2 ....

3 ....

4 ....

2. Ascolta la conversazione e trova le seguenti informazioni.

1 Dove va la signora?

2 Viaggia spesso?

3 Il ragazzo di solito viaggia per lavoro?

4 Il ragazzo e la signora sono d'accordo o hanno opinioni diverse?

3. Ascolta di nuovo la conversazione e completa la tabella.

	Preferisce viaggiare...	Perché?
Il ragazzo		
La signora		

4. Se puoi, visita il sito Internet di TRENITALIA www.trenitalia.it. Ci sono sconti per viaggiatori della tua età?

1. Associa questi animali ai loro diversi ambienti naturali.

il leone
la giraffa
l'elefante
la scimmia
il serpente
il coccodrillo
il cammello
il dromedario

SAVANA

....

....

....

GIUNGLA

....

....

....

FORESTA EQUATORIALE

....

....

....

DESERTO

....

....

....

2. Dove è stata Eleonora?

Ascolta il dialogo e indica se le seguenti affermazioni sono vere o false.

	V	F
1 Eleonora è stata nell'Africa orientale.	☐	☐
2 Eleonora ha visitato il Camerun.	☐	☐
3 Ha viaggiato solo in aereo.	☐	☐
4 Il viaggio le è piaciuto molto.	☐	☐

3. Ascolta ancora il dialogo e completa gli appunti per raccontare il viaggio di Eleonora.

È arrivata a Douala in .... Da Douala a Yaoundè ha viaggiato in .... Invece, da Yaoundè ha raggiunto il nord in ....

4. Racconta un viaggio a un tuo amico o a una tua amica.

Da dove sei partito e dove sei arrivato? Con quali mezzi di trasporto hai viaggiato? Come era il clima? Ti è piaciuto? Era un luogo straordinario o magico? Ci ritornerai?

15 OPERAZIONI MATEMATICHE

1. Leggi le seguenti operazioni matematiche.
Scrivi il nome del simbolo matematico (+, -, x, :) e dell'operazione.

30 + 50 = | 1200 – 134 = | 80 x 53 = | 2432 : 8 =

.... | meno/sottrazione | .... | ....

2. Leggi e scrivi in cifra e in lettere quanti euro sono.

A

....

....

B

....

....

C

....

....

3. Ascolta la conversazione e completa il biglietto dei conti.

Spese di Monica:
.... dal ....
.... per ....
.... per ....
Tot. ....
Spese di Piero:
.... per ....
.... per ....
Tot. ....

Chi deve soldi all'altro? Quanti? ....

4. Svolgi le seguenti operazioni matematiche.

1 Milleduecento diviso trecento. Quanto fa? ....
2 Aggiungi 700 a 344. Qual è la somma? ....
3 Moltiplica 5 per 455. Quanto fa? ....
4 Sottrai 40 a 200. Quanto fa? ....

1. Scrivi i nomi degli oggetti che vedi nel disegno.

il CD
il lettore CD
il registratore
la cassetta
la radio
le casse

1 ....

2 ....

3 ....

4 ....

5 ....

6 ....

2. Scrivi i nomi dei quattro strumenti musicali rappresentati nei disegni.

la tromba
il pianoforte
il violino
la chitarra

1 .... 2 .... 3 .... 4 ....

3. Ascolta il dialogo che si svolge in un negozio di musica e rispondi a queste domande.

1 Che cosa desidera comprare la ragazza? Per chi? ....

2 Secondo te, la ragazza è molto informata sul tipo di musica di cui si parla? ....

4. Ascolta di nuovo il dialogo e trova le seguenti informazioni.

1 Di quale musicista si parla? ....

2 Quale strumento suona? ....

3 Di dov'è il musicista? ....

4 Quale genere musicale suona? ....

5. Ascolta ancora attentamente l'indirizzo del sito e prova a scriverlo.

....

Se puoi, cerca su Internet il sito del tuo musicista italiano preferito.

17 LA LETTURA

1. Rispondi alle domande. Confronta le tue abitudini di lettura con quelle di un amico o di un'amica.

Leggi il giornale ogni giorno?

....

Hai mai visto o letto un quotidiano italiano?

....

Quale genere di libri leggi di solito?

- ☐ Gialli
- ☐ Fantascienza
- ☐ Letteratura Rosa
- ☐ Fumetti
- ☐ Saggistica
- ☐ Romanzi

2. Ecco alcune informazioni su tre famosi autori italiani. Sai chi sono?

1 Ha vissuto nel 1300 e ha scritto la "Divina Commedia". ....

2 È autore de "Il nome della rosa". ....

3 Ha scritto "Io non ho paura". ....

3. Ascolta Ippolito che parla di una sua lettura e trova le seguenti informazioni.

1 Chi sono i personaggi del libro che ha letto Ippolito?

....

2 Di cosa parla il libro?

....

3 È un libro adatto solo a lettori adulti?

....

4 Perché a Ippolito piace molto?

....

4. Ascolta ancora una volta Ippolito. Con quale espressione dice che il libro gli è piaciuto molto?

....

1. Metti in ordine le parole e ricostruisci il testo di una telefonata.

Ci sentiamo.

Pronto.

Ciao, Carla.

Pronto. Con chi parlo?

Sì, te la chiamo subito. È in casa.

Sì, grazie.

Ciao, Riccardo. Sono Carla.

Sono Riccardo.

Ciao.

Mi passi Monica, per favore?

2. Ascolta la registrazione e trova le seguenti informazioni.

1 Chi risponde al telefono? ....

2 Paola invita Monica ad andare a teatro. Monica accetta? ....

3 Che cosa c'è a teatro? ....

4 A che ora è lo spettacolo? ....

5 Chi ha prenotato i biglietti? ....

3. Ascolta ancora la registrazione e trova le seguenti informazioni.

1 A che ora Monica passa a prendere Paola? ....

2 A che ora devono essere a teatro? Perché? ....

4. Scrivi che ore sono in questi orologi.

1 ....

2 ....

3 ....

4 ....

19 ANDIAMO AL CINEMA

1. Pensa agli ultimi film che hai visto e completa la tabella.

	Un film che mi è piaciuto	Un film che non mi è piaciuto
È un film italiano?	....	....
Chi è il regista?	....	....
Di cosa parla?	....	....

2. Ascolta la conversazione fra Fabrizio ed Eleonora e trova le seguenti informazioni.

1 Dove devono andare i due amici? ....

2 Di cosa parla il film che vuole vedere Ippolito? ....

3 Eleonora è d'accordo? Perché? ....

4 Chi dice "è una commedia da quattro soldi"? ....

5 Che cosa significa quest'espressione? ....

3. Collega ogni proposta con una frase per accettare o per rifiutare una richiesta o un invito. Ci sono diverse combinazioni possibili.

1 Mi accompagni a fare la spesa?

2 Partiamo per la Sicilia?

3 Andiamo a cena fuori stasera?

4 Andiamo a vedere "Il Nabucco"?

5 Restiamo fuori fino a tardi questa sera?

A No, guarda, questo proprio no.

B Ecco, questa sì che è una bella proposta.

C Sì, proprio lì vorrei andare.

D Vedi, allora non mi conosci proprio.

E Ma devi andarci per forza?

4. Metti in ordine i commenti a questa affermazione, dal meno forte al più forte.

– Non voglio vedere questo film.

A ☐ Vedi, secondo me, ti sei fatta condizionare dal titolo.

B ☐ Ecco, il titolo ti ha condizionata.

C ☐ Ti ha condizionata il titolo, vero?

1. Scrivi i nomi delle parti della bicicletta.

il sellino
il manubrio
la ruota
i pedali
il fanalino

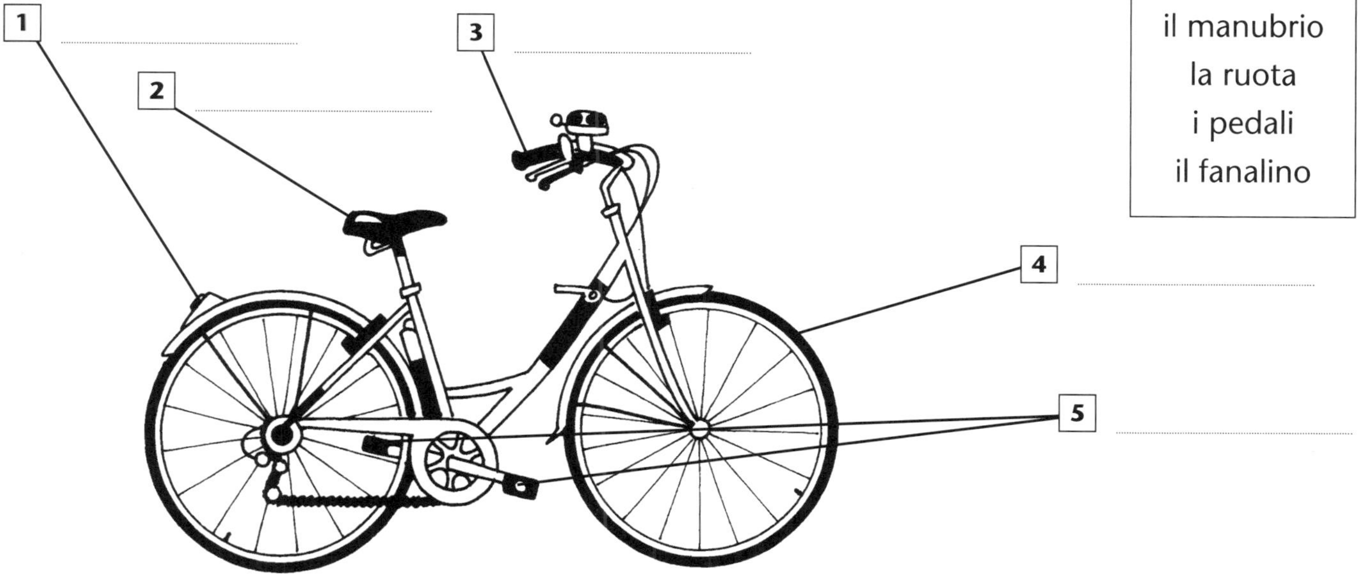

2. Fabrizio ed Eleonora si incontrano per strada. Ascolta il loro dialogo e trova le seguenti informazioni.

1 Cosa pensa Fabrizio della bicicletta di Eleonora? ....

2 La bicicletta di Eleonora è particolare? Perché? ....

3 Cosa propone Eleonora a Fabrizio? ....

4 Quanti chilometri devono fare? ....

5 A Fabrizio sembrano molti o pochi? ....

3. Ascolta di nuovo il dialogo e fai attenzione all'uso dell'espressione "Dài". Completa i seguenti fumetti usando "Dài".

21 LA SCUOLA E LO STUDIO

1. A quali materie scolastiche corrispondono i seguenti argomenti?

Grammatica greca
Letteratura latina
Matematica
Storia
Storia dell'arte

1

....

Titus Maccius Plautus
Cicero
Virgilius
Catullus

2

....

Il crollo dell'Impero Romano
Le città-stato
Garibaldi e il Risorgimento
Il Regno di Savoia e l'unità d'Italia

3

....

L'arte romanica
Giotto
Michelangelo
Il futurismo

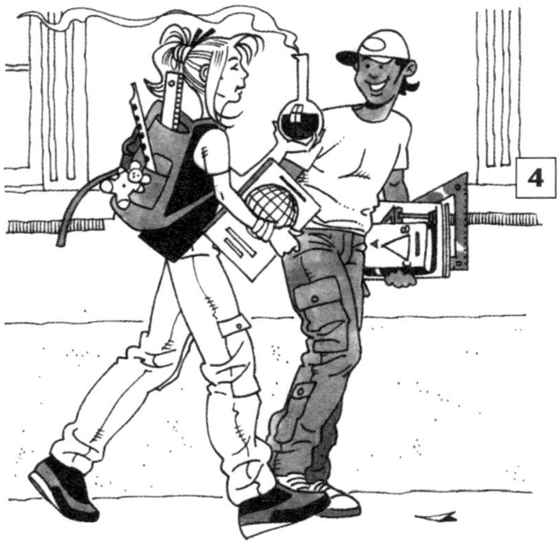

4

....

L'aoristo
Accenti e spiriti
La declinazione
La coniugazione

5

....

Le operazioni algebriche
Le equazioni
Le funzioni
Gli integrali

2. Ascolta Eleonora che parla della sua esperienza scolastica. Quali di queste materie nomina?

- ☐ Geografia
- ☐ Inglese
- ☐ Latino
- ☐ Matematica
- ☐ Storia
- ☐ Storia dell'arte
- ☐ Informatica
- ☐ Francese
- ☐ Diritto
- ☐ Educazione civica
- ☐ Greco

3. Ascolta ancora una volta Eleonora e trova le seguenti informazioni.

1 Eleonora frequenta la scuola media o la scuola superiore? ....

2 Quali materie studia? Per quanti anni? ....

3 Che cosa dispiace a Eleonora? ....

4. Completa il tuo percorso di studi e quello di un tuo amico o di una tua amica. Quali materie vi piacerebbe studiare in futuro?

Io ho studiato per .... anni .... Vorrei studiare ancora ....

.... ha studiato per .... anni .... Vorrebbe studiare ancora

....

VACANZE IN AGRITURISMO 22

1. Leggi le seguenti descrizioni e scegli un agriturismo adatto a una persona che vuole gustare i vini italiani.

1 BAGLIO DEL DUCA
Se state cercando qualcosa che rispecchi la tradizione, la famiglia Montalto vi offre la possibilità di trascorrere le vacanze nelle antiche dimore e nei bagli dell'800, ristrutturati e attrezzati di fronte al mare.

2 BAGLIO CALIA
Baglio Calia prende il nome dall'omonima famiglia dei proprietari.
Servizi offerti: Camere, Ristorante, Pizzeria, Banchetti, Matrimoni, Servizio navetta (mare/centro storico), Equitazione, Animazione, Escursioni nei posti più suggestivi della provincia di Trapani ed Agrigento.

3 TENUTE MARTANO
Qui coltiviamo una leggenda… il Marsala!
Infatti le tenute si trovano lungo il percorso enoturistico della Sicilia, con la possibilità di assistere e partecipare alla vendemmia.

2. Ascolta la conversazione fra Patrizia, Angela e Fabrizio e indica se le seguenti affermazioni sono vere o false.

		V	F
1	L'agriturismo che Patrizia consiglia è bello ma è costoso.	☐	☐
2	Angela e Fabrizio non vogliono utilizzare la loro macchina.	☐	☐
3	Alla fine decidono di andare in una pensione e non in un agriturismo.	☐	☐

3. Ascolta ancora una volta la conversazione e indica in quale ordine Fabrizio e Angela prenderanno i seguenti mezzi di trasporto.

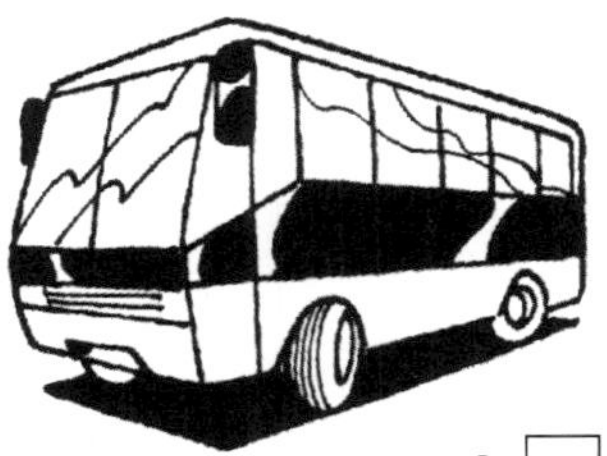

A ☐

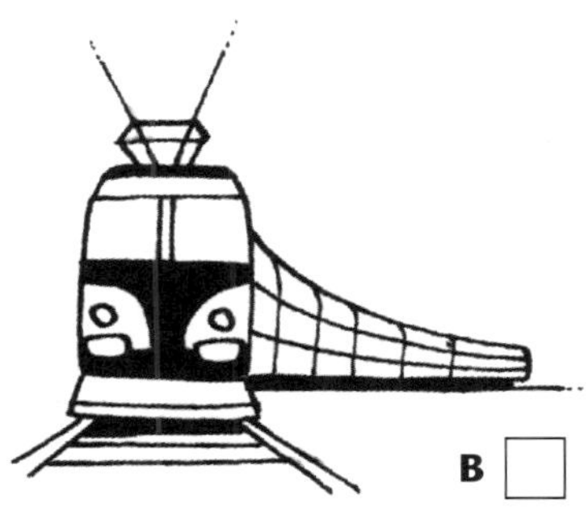

B ☐

C ☐

4. Che cosa comprende il prezzo dell'agriturismo consigliato da Patrizia? Ascolta ancora e trova l'informazione.

Il prezzo comprende ……………………………………………

5. Scegli tra i seguenti alloggi quello che preferisci per le vacanze. Perché? Parlane con i tuoi amici.

☐ campeggio
☐ agriturismo
☐ albergo
☐ pensione
☐ appartamento in affitto
☐ casa di amici

23 GLI ANIMALI

1. Scrivi sotto ogni disegno il nome dell'animale.
Quale cibo mangiano?

il cane
il leone
il topo
la lucertola
la pecora

1 ☐ carne e cibi in scatola
2 ☐ semi e formaggio
3 ☐ insetti vivi
4 ☐ erba
5 ☐ carne

A ....

B ....

C ....

D ....

E ....

2. Ascolta la conversazione fra Piera e Ippolito e indica se le seguenti affermazioni sono vere o false.

	V	F
1 Ippolito non sopporta gli animali.	☐	☐
2 Il cane di Piera è dolce e affettuoso.	☐	☐
3 Piera lava il suo cane una volta alla settimana.	☐	☐
4 Secondo Ippolito, gli animali non devono vivere in casa per ragioni di igiene.	☐	☐

3. Ascolta ancora una volta Piera e Ippolito. Secondo te...

☐ **A** I due non si conoscono molto bene anche se si danno del tu.
☐ **B** I due sono amici. Parlano molto spontaneamente perché sono in grande confidenza.
☐ **C** I due non vanno d'accordo. Sono molto aggressivi e sono molto arrabbiati.

Quali elementi ti hanno aiutato a scegliere?

....

4. Scrivi i nomi degli animali che ti piacciono, non ti piacciono, non sopporti e a cui sei allergico.

Mi piacciono	Non mi piacciono	Non sopporto	Sono allergico a...
....	....	....	....
....	....	....	....
....	....	....	....

1. Sapresti rispondere a queste domande?

1 In aeroporto, dove si va per fare la carta d'imbarco? ....

2 Dove si va quando si sono smarriti i bagagli? ....

3 Quali documenti di riconoscimento servono per viaggiare nel tuo paese e all'estero? ....

2. Scrivi il nome giusto per ognuna di queste zone di un aeroporto.

Arrivi
Controllo passaporto
Imbarchi
Negozi
Sala attesa
Cambio valuta

1 ....

2 ....

3 ....

4 ....

5 ....

6 ....

3. Ascolta gli annunci e scrivi le informazioni disponibili.

	Compagnia N° di volo	Dove va? Da dove viene?	Informazione	Perché?
Annuncio 1	....	....	....	....
Annuncio 2	....	....	....	....
Annuncio 3	....	....	....	....
Annuncio 4	....	....	....	....

4. Ascolta di nuovo e componi un annuncio per ognuna delle informazioni nel riquadro.

aereo in partenza
aereo in ritardo
imbarco

....

....

....

25 CONGRATULAZIONI!

1. **Che cosa si dice? Associa l'espressione giusta a ogni situazione.**

Buon compleanno!	Condoglianze.	Congratulazioni!	In bocca al lupo!

1 A una persona che si è appena laureata? ....

2 A una persona che compie gli anni? ....

3 A una persona che deve fare un esame o un concorso? ....

4 A una persona a cui è morto un parente o un amico? ....

2. **Ascolta le registrazioni di messaggi in una segreteria telefonica e trova le seguenti informazioni.**

1 Cosa è successo? Di cosa parlano i messaggi? ....

2 Come si chiama la bambina? ....

3 Come si chiamano i suoi genitori? ....

3. **Ascolta di nuovo i messaggi. Annota quali espressioni e formule usano le persone in quell'occasione per congratularsi ed esprimere la loro gioia.**

Messaggio 1 ....

Messaggio 2 ....

Messaggio 3 ....

Messaggio 4 ....

Messaggio 5 ....

4. **Osserva i gesti rappresentati dai disegni e prova a immaginare quali messaggi di augurio o congratulazioni dicono le persone.**

1 una stretta di mano

2 un bacio sulle guance

3 un colpetto su una spalla

4 un abbraccio

Nel tuo paese si userebbero gli stessi gesti per gli stessi messaggi di augurio o congratulazioni?

1. Descrivi i seguenti ritratti.

2. Ascolta la registrazione e segna in quale ordine Eleonora e Ippolito guardano i quadri.

A ☐ Disegno di donna nuda di Balthus

B ☐ Ritratto di bambina di Mancini

C ☐ Disegno di donna misteriosa di Andrea del Sarto

D ☐ Ritratto di donna anziana di Dürer

E ☐ Disegno di Madonna con bambino del Guercino

3. Ascolta ancora una volta la registrazione e collega i quadri alle osservazioni.

Soggetto del quadro	Osservazioni di Eleonora ed Ippolito
1 Donna	A Ha la bocca un po' aperta e gli occhi sognanti.
2 Madonna con bambino	B Sembra una centenaria.
3 Anziana signora	C Una delle figure sembra che si muova.
4 Bambina	D Ha il volto un po' nascosto.

4. A quale quadro si riferisce questa frase di Eleonora? Che cosa vuole dire?

"Ma ti sembra il caso? Cioè, una donna nuda…"

....

....

....

27 BELLE QUELLE SCARPE!

1. Scrivi i nomi sotto i disegni.

tacco	pantaloni	manica
gonna		scollo

1 ....
2 ....
3 ....
4 ....
5 ....

2. Completa i fumetti.

3. Ascolta il dialogo e rispondi alle domande.

1 Dove ha comprato le scarpe Carla?

....

2 Costavano molto le scarpe prima dei saldi?

....

3 Quale espressione utilizza Carla per dire che le sue scarpe sono convenienti?

....

4 Come risponde Carla al complimento di Francesco?

....

5 Cosa significa l'espressione "sei fissata"?

....

4. Scrivi dei complimenti utilizzando queste parole.

bella	begli	ragazza
belle	valigie	bei
che	bel	quadri
bello	stivali	libro

....

....

1. **Osserva bene le quattro illustrazioni e descrivi quello che vedi. Poi ascolta la registrazione e metti in ordine seguendo il racconto di Eleonora.**

A ☐

B ☐

C ☐

D ☐

2. **Ascolta ancora una volta la registrazione e rispondi alle domande.**

1 Da dove venivano i cugini di Eleonora?

....

2 I due cugini vivono in una città diversa da quella di Eleonora?

....

3 Perché hanno perso l'aereo?

....

3. **Prova a raccontare che cosa è accaduto a Eleonora oppure racconta qualcosa di strano che ti è accaduto.**

....

....

....

....

29 DARE INDICAZIONI

1. Descrivi il percorso che si deve fare per raggiungere la farmacia.

....

....

....

....

....

....

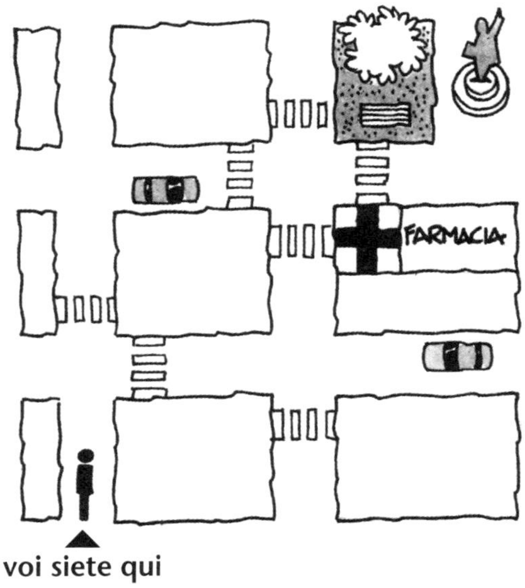

2. Ascolta il dialogo e rispondi.

1 Dove si devono incontrare i due amici? ....

2 È vicino o lontano dal Bed & Breakfast di John? ....

3 Quanto tempo ci vuole? ....

4 Perché Eleonora non va a prendere John? ....

3. Ascolta ancora una volta il dialogo. Guarda la piantina della città e indica quali luoghi sono nominati.

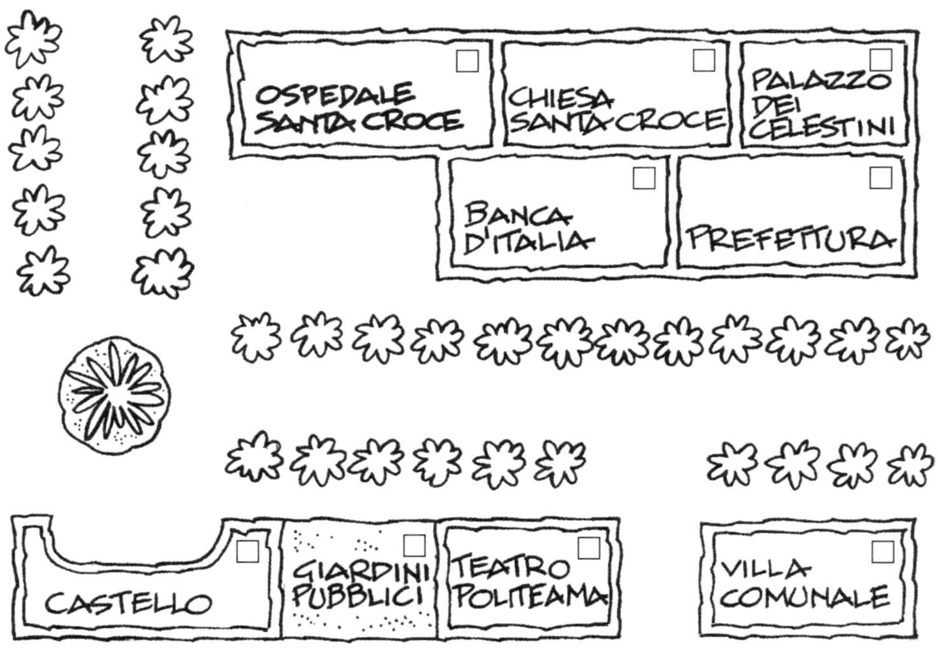

4. Osserva la piantina della città dove vivi o una delle piantine che vedi su questa pagina. Scegli il luogo per un appuntamento. Decidi con il tuo amico o la tua amica da dove deve partire. Dài le indicazioni per raggiungerti.

1. Associa a ogni definizione l'espressione corrispondente.

consultare
prendere in prestito
tesserino
documento di riconoscimento

1 Ricevere qualcosa con l'impegno di restituirla

....

2 Certificato rilasciato da un'autorità per l'identificazione personale

....

3 Leggere un testo per cercare particolari informazioni

....

4 Documento che indica appartenenza ad un'organizzazione

....

2. Ascolta il dialogo e rispondi.

1 Che cosa bisogna fare per entrare in biblioteca?

....

2 Che cosa si deve fare per consultare dei libri e per chiederli in prestito?

....

4 Quanti libri si possono chiedere in prestito?

....

3. Ascolta ancora una volta il dialogo e trova le seguenti informazioni.

1 Di che colore sono le schede per la consultazione?

....

2 E quelle per il prestito?

....

3 A che ora apre la biblioteca?

....

4 A che ora chiude?

....

4. Annota le parole che hai imparato ascoltando il dialogo in biblioteca, poi prova tu a scrivere un dialogo simile.

....

....

1 SALUTI

Dialogo 1

Angela: Ciao Fabrizio.

Fabrizio: Ehi Angela, quanto tempo…

Angela: Come stai?

Fabrizio: Bene, abbastanza bene, direi. E tu?

Angela: Anch'io sto molto bene.

Fabrizio: Eh… ma ti vedo in gran forma, lo sai?

Angela: Grazie.

Fabrizio: Senti, io purtroppo devo scappare ma magari… ci vediamo qualche altra volta. Che ne dici?

Angela: Sì, sì. Ci sentiamo.

Dialogo 2

Ippolito: Allora, che ne dici, ci vediamo più tardi?

Eleonora: Sì, andiamo a bere una birra?

Ippolito: Mh… Mi sembra una buona idea. Anch'io ci avevo pensato. In centro c'è un bel pub, magari andiamo là.

Eleonora: Hm Hm... Sì.

Ippolito: Facciamo verso le 20.

Eleonora: Facciamo verso le 21.

Ippolito: Hm va bene. Allora ci sentiamo più tardi.

Eleonora: OK. Ciao.

Ippolito: OK. Ciao.

Dialogo 3

Figlio: OK mamma ciao, io scappo eh!

Madre: Ciao tesoro, ci vediamo più tardi. Buona giornata!

Figlio: OK!

Dialogo 4

Studentessa: Buongiorno, professore.

Professore: Salve, signorina. Che piacere vederLa!

Studentessa: Eh, ho avuto un po' di problemi.

Professore: Qualcosa di grave?

Studentessa: No, niente di grave. Si tratta della mia tesi…

Dialogo 5

Angela: Buongiorno Signor De Donno, come va?

Signor De Donno: Abbastanza bene.

Angela: Ma è un sacco di tempo che non La vedo. È stato via?

Signor De Donno: Sì, sono stato per più di un mese in Tailandia.

Angela: In Tailandia?

Signor De Donno: Eh be'… avevo degli amici lì che lavoravano e quindi mi hanno ospitato per tutto questo tempo.

Angela: Ah, che bello…

Signor De Donno: Sì, è stata un'esperienza davvero bella. Sì, eh… spero di ritornarci.

2 AZIONI QUOTIDIANE

La mia sveglia di mattina suona alle sette. Mi alzo, mi lavo, mi vesto, faccio colazione con un cappuccino e una brioche, poi vado a scuola. Eh… frequento il liceo scientifico, e mi piace molto la matematica. Il lunedì esco da scuola alle due, il sabato alle dodici e tutti gli altri giorni, invece, all'una. Nel pomeriggio studio e appena finisco di studiare incontro il mio ragazzo.

3 UNA RICETTA

Parmigiana di melanzane – prima parte

Ingredienti per 4 persone:
4 melanzane grosse
400 grammi di pomodori
1 mozzarella
2 uova
1 cipolla
qualche foglia di basilico
50 grammi di parmigiano
1 bicchiere di olio extravergine di oliva
farina, sale

Parmigiana di melanzane – seconda parte

Lavate le melanzane, tagliatele a fette, salatele e lasciatele in un piatto per un'ora circa.

Cuocete le uova per farle diventare sode e sbucciatele.

Mettete sul fuoco una casseruola con la cipolla tritata e 4 cucchiai di olio. Fate soffriggere per un minuto e poi versate i pomodori con le foglie di basilico, salate e fate cuocere la salsa a fuoco moderato per 30 minuti circa.

Lavate le fette di melanzane per eliminare il liquido amaro, asciugatele, infarinatele e friggetele in abbondante olio.

In una teglia unta d'olio disponete uno strato di melanzane e spolverate di parmigiano grattugiato, mettete poi uno strato di fettine sottili di mozzarella e di fette sottili di uovo sodo e qualche cucchiaiata di salsa di pomodoro. Ripetete gli strati fino a quando avrete utilizzato tutti gli ingredienti, terminando con uno strato di salsa di pomodoro.

Mettete la teglia nel forno già caldo per 30 minuti circa.

Potete servire la parmigiana sia calda che fredda.

4 LE LINGUE STRANIERE

Monica: Ciao, Fabrizio. Come stai? Ciao.

Fabrizio: Ehi, ciao Monica. Io abbastanza bene e tu? Ti vedo in forma.

Monica: Eh, sì sì. Sto bene. In questo periodo sono contenta perché è venuta questa mia amica dall'Inghilterra. Te la presento.

Angela: Ciao.

Monica: Si chiama Angela.

Fabrizio: Ciao. Ciao Angela. Mi chiamo Fabrizio. Piacere. Molto piacere.

Angela: Il piacere è tutto mio.

Fabrizio: Caspita! Parli molto bene l'italiano.

Angela: Sì, è tanto tempo che lo studio e quindi so... so parlare bene l'italiano.

Fabrizio: Beata te!

Monica: Hai visto, è molto brava, vero?

Fabrizio: Caspita! Io è da tre anni che studio l'inglese ma ancora quando parlano non riesco a capirli perfettamente.

Angela: Eh, ci vuole molta pratica.

5 INDOVINA CHE COS'È

Marco: E ora indovina un po' cos'è?

Anna: Sentiamo.

Marco: Questo luogo è lungo cento metri ed è largo una quarantina di metri, da una parte e dall'altra ci sono dei pali su cui sono legate delle reti e poi al centro c'è un grande cerchio e dentro questo luogo ci sono uomini e donne che tirano calci ad un pallone e tutto intorno un sacco di gente.

6 IL VIAGGIO PIÙ BELLO

La parte del mondo più bella che ho visto è sicuramente l'America, eh più precisamente il Canada. La città che ho visitato è Winnipeg. È al centro del Canada: è una città bellissima, grandissima. Come si dice, l'America e in America è tutto molto grande. E questa città è grandissima, le distanze sono eccezionali, per andare da una città all'altra non si incontrano altri paesi ma bisogna percorrere delle strade molto lunghe. È straordinario il luogo perché in questo luogo ci sono ancora gli indiani, indiani d'America, la riserva indiana e molto vicino a questa città ci sono le cascate del Niagara. L'esperienza è stata straordinaria perché era la prima volta che prendevo l'aereo. Eh... son partito da Brindisi, sono arrivato a Roma, da Roma ho preso un aereo per Toronto e poi da Toronto sono arrivato a Winnipeg. L'esperienza più bella in questo... in questo nuovo continente è vedere per esempio le strade assolutamente grandi, molto grandi, oppure le case molto grandi o i ristoranti enormi e così via.

7 VIAGGIARE IN TRENO

1.

Attenzione prego.

È in partenza dal binario 3 l'Eurostar da Bologna per Roma. Ferma a Firenze S. Maria Novella. Da Bologna a Firenze non effettua fermate intermedie.

2.

Attenzione prego.

Il treno espresso per Napoli non partirà dal binario 3 bensì dal binario 4. Si invitano i signori passeggeri a servirsi del sottopassaggio.

3.

Treno espresso da Lecce per Torino. Ferma a Brindisi – Bari – Foggia – Pescara – Ancona – Rimini – Bologna – Piacenza – Alessandria – Torino. Prima classe in coda.

8 PUBBLICITÀ

1.

Compra BIP Igiene. La ditta Igiene si prende cura della tua salute orale sviluppando prodotti garantiti da professionisti di tutto il mondo. BIP difende le tue gengive e rimuove la placca dentale.

2.

Dovete radervi spesso ma avete la pelle delicata? BIP ha due lame che si adattano al profilo del tuo viso per dare la massima sicurezza alla tua pelle. Lo trovate nei migliori negozi.

3.

BIP piace alla tua pelle. Dalla ricerca di nuove fragranze, senza alcool, non è irritante, delicato per la pelle sensibile. BIP piace alla tua pelle.

4.

Per un pulito più sicuro: BIP CLEAN. Dura per sempre ed è il prodotto migliore sul mercato. Adatto per pavimenti lisci di interni ed esterni. Ideale per la pulizia di grandi superfici come cortili e viali. Non consente allo strofinaccio di sfuggire.

9 IL TEMPO LIBERO

Paolo: A me non piace sciare; meglio, non scio perché ho paura della montagna e invece mi piace molto il mare e mi piace tanto nuotare. Uno sport che mi piacerebbe fare è il pattinaggio su ghiaccio, anche se ho un po' paura di farmi male.

Francesca: Nel tempo libero corro. E mi piace stare all'aria aperta, infatti faccio tanto sport, e faccio anche ginnastica, aerobica e pesi. Infatti sono un tipo molto atletico. Uno degli sport che non potrei mai fare, perché non conosco le regole, è il calcio.

Eleonora: A me piace fare sport ma all'aria aperta, non… anche d'inverno. Mi piace andare a correre, eh… soprattutto in compagnia. No, da sola mi annoio e infatti preferisco fare degli sport all'aria aperta e in compagnia. Mi piace correre, eh… anche andare a cavallo, quella è una cosa che mi piace fare soprattutto d'estate perché prendiamo in affitto i cavalli e possiamo andare a galoppare sulla spiaggia. Ehh… D'inverno con i miei amici invece andiamo in montagna. Ci piace sia camminare, fare le escursioni. A volte prendiamo in affitto una casa eh… e possiamo fare le escursioni guidate. Ci piacciono… fare le escursioni guidate ma anche sciare. L'altro inverno ho provato anche a fare lo snow-board, eh… è molto difficile almeno per me perché è difficile mantenere l'equilibrio. Però è stata una bella esperienza quando prendi velocità e non gli alberi, diciamo che è divertente.

10 DESCRIVERE PERSONE

Agente di Polizia: Bene, mi descriva la persona che Le ha rubato il portafoglio.

Signor Rossi: Allora, eh… ha un'età compresa tra i 30 e i 40 anni.

Agente di Polizia: Hm…

Signor Rossi: Pochi capelli.

Agente di Polizia: Maschio o femmina?

Signor Rossi: Eh… maschio.

Agente di Polizia: I capelli di colore?

Signor Rossi: Eh… sono così pochi che non si capisce.

Agente di Polizia: Ah. OK.

Signor Rossi: Quindi saranno… penso castano chiaro. Poi di statura media, magro, molto magro.

Agente di Polizia: Sì.

Signor Rossi: Parla con un accento meridionale, spiccatamente meridionale.

Agente di Polizia: Hm. L'ha sentito parlare, quindi.

Signor Rossi: Sì, l'ho sentito parlare mentre mi derubava.

Agente di Polizia: È riuscito a vedere di che colore erano gli occhi?

Signor Rossi: Comuni, castani, piccoli…

Agente di Polizia: Hm.

Signor Rossi: Inseriti in un viso molto scavato.

Agente di Polizia: E le sopracciglia?

Signor Rossi: Basse e sottili.

Agente di Polizia: Sottili. E ha notato se aveva la barba…

Signor Rossi: Una barba incolta.

Agente di Polizia: Hm… i baffi?

Signor Rossi: No.

Agente di Polizia: Niente. Aveva gli occhiali?

Signor Rossi: No, senza occhiali. Molto atletico, molto magro, veramente molto magro.

11 AL BAR

Prima parte

Barista: Buongiorno, signorina. Prego.

Signorina: Buongiorno. Vorrei un cappuccino.

Barista: Cappuccino? Subito. Vuole un po' di cioccolato?

Signorina: Sì, grazie. Anzi meglio se ha della cannella, preferisco la cannella.

Barista: Cannella, no mi dispiace, non ne abbiamo.

Signorina: Allora meglio niente grazie.

Barista: Bene. Vuole un cornetto, una brioche?

Signorina: Prendo un cornetto.

Barista: Abbiamo un cornetto alla crema, un cornetto con la marmellata, crema e marmellata… nutella.

Signorina: Ah, sì. Allora prendo con la nutella.

Barista: Con la nutella. Sono buonissimi, li faccio io personalmente.

Signorina: Ah. Sono freschi?

Barista: Freschissimi, signorina.

Signorina: Mi raccomando.

Barista: Ogni mattina li facciamo in questo bar… Trattiamo benissimo i nostri clienti.

Seconda parte

Eleonora: Giovanni, hai deciso cosa prendere?

Giovanni: Guarda, io questa sera prendo un'insalata.

Eleonora: Ah, un'insalata. Buona idea. No, però preferisco un panino, a pranzo non ho mangiato niente.

Giovanni: E una birra alla spina, io almeno…

Eleonora: No. Facciamo due.

Giovanni: Due? Medie?

Eleonora: Due medie. OK.

Giovanni: No, forse io prendo una piccola.

Eleonora: No, no. Per me media. Un panino con i gamberetti.

Giovanni: Io un'insalata con il radicchio…

Eleonora: Prendiamo due salatini mentre aspettiamo i panini.

Giovanni: Sì, anche due olive, così parliamo un po'.

Eleonora: Sì.

Giovanni: Hm…

12 LA CASA

1.

La casa è un bilocale, nel senso che si accede in un piccolo ingresso e successivamente in una sala più ampia, un po' più grande. Da lì poi si accede in cucina. In realtà non è una vera e propria cucina, è un piccolo cucinino. E infine, in fondo alla casa, c'è il bagno.

2.

Nella mia casa c'è un ingresso, una cucina, un soggiorno, due bagni e tre camere da letto. Le tre camere da letto si trovano nella stessa zona. La cucina e il soggiorno sono comunicanti e l'ingresso non è molto grande. C'è anche un bel giardino.

3.

La mia casa è un monolocale, con un angolo cottura e un soppalco dove ci vado a dormire di notte. E poi naturalmente c'è un piccolo bagno.

4.

La mia casa non è molto grande. Ha… però è confortevole. Ha un ingresso, una stanza da letto ampia, eh… un piccolo studio dove ho il computer, e una zona giorno molto grande con un angolo cottura, un bagno e poi ha anche un ripostiglio.

13 I TRASPORTI PUBBLICI

Ragazzo: Signora, dove va?

Signora: A Roma. Vado a trovare mio figlio.

Ragazzo: Prende l'Eurostar?

Signora: Guardi, non me ne parli, sono agitata da questa mattina.

Ragazzo: Come mai?

Signora: Perché è un treno troppo veloce, cioè ci mette pochissimo ad arrivare. Veramente ormai non sono più abituata. È vero che non viaggio da una vita, però veramente cioè… in 6 ore.

Ragazzo: Ma è comodissimo, guardi.

Signora: Ma io non metto in dubbio che sia comodo. Però veramente questo fatto dell'alta velocità… Ma vede quanti incidenti ci sono?

Ragazzo: Ma no, guardi signora. È un treno molto comodo, sicuro, ti permette di arrivare in giornata nelle città…

Signora: No, ma io preferisco stare lì a guardare il paesaggio. Una volta che prendo il treno, che viaggio, mi piace proprio rilassarmi.

Ragazzo: Ma quando si viaggia per piacere, sì. Io viaggio per lavoro di solito…

Signora: Ah be' Lei è giovane. Quanti anni ha? Venti, ventidue.

Ragazzo: Io ne ho ventiquattro. Infatti prendo l'Eurostar anche perché ho la possibilità di avere degli sconti.

Signora: A me piacevano tanto quei bei treni interregionali di una volta.

Ragazzo: No, l'interregionale, no l'espresso… per carità. Ma poi c'è l'aria condizionata, signora.

Signora: Sì, no. Le comodità… non c'è dubbio. Però, veramente, a me piace guardare il paesaggio.

Ragazzo: Ma Lei viaggia spesso signora?

Signora: No, fino ad ora no, però adesso mio marito mi ha fatto la carta d'oro così avrò degli sconti.

Ragazzo: Ah, anche Lei.

Signora: Sì, sì.

14 AMBIENTI NATURALI

Eleonora: Ciao, Antonio.

Antonio: Ciao. Come stai? Da quanto tempo...

Eleonora: Eh sì, è passato un bel po' di tempo. Sono stata in viaggio con Cecilia.

Antonio: Ah, in viaggio. Dove?

Eleonora: Siamo state in Camerun per un mese.

Antonio: In Camerun. L'Africa, che bello. E dove si trova?

Eleonora: Si trova al confine con la Nigeria, nella parte centro-ovest dell'Africa.

Antonio: E dove... dove sei andata?

Eleonora: Siamo partite con l'aereo, siamo arrivate a Douala, che è la città portuale. Però poi da lì con... con l'autobus siamo arrivate a Yaoundè che è la capitale.

Antonio: Il clima?

Eleonora: Il clima... fa veramente caldo, siamo arrivate lì con i nostri abiti invernali, però ci aspettava praticamente l'estate. Abbiamo girato, abbiamo visto la capitale e poi siamo andate al nord...

Antonio: Dove?

Eleonora: Ah, nella savana. Sì, però lì abbiamo preso in affitto una macchina e anche una guida, cioè ci ha seguito una guida che ci ha portato a vedere posti veramente particolari che altrimenti non avremmo potuto raggiungere. La savana, guarda, è uno spettacolo che non ti devi perdere.

Antonio: Che cosa c'è di particolare?

Eleonora: Ci sono tutti gli animali in libertà, le antilopi, le giraffe. Veramente sembra di stare, non lo so, in un posto da sogno...

Antonio: Magico.

Eleonora: Sì, esattamente così.

Antonio: Ritornerai quindi?

Eleonora: Eh, spero proprio di sì. Magari partiamo insieme.

Antonio: Va bene.

15 OPERAZIONI MATEMATICHE

Piero: Monica, dividiamo le spese come al solito, eh? Hai con te l'elenco di quello che hai comprato e tutti gli scontrini?

Monica: Sì, Piero. Ma tu ti ricordi quanto hai speso per far riparare la macchina e per la benzina?

Piero: E come no? Certo, ho segnato tutto.

Monica: Bene, allora... 10 euro dal salumiere,
2 euro e 50 centesimi per l'acqua,
la bolletta della luce sono 25 euro.

Piero: Mh... va bene d'accordo. Ho scritto. Io invece ho messo 10 euro di benzina e ho speso 50 euro per far riparare l'auto. Chi fa il conto?

Monica: Io. Così vediamo quanto devo darti. Tu hai speso più di me.

Piero: Mh!

16 LA MUSICA

Commerciante: Buongiorno.

Cliente: Salve, eh… vorrei comprare un CD per un regalo.

Commerciante: Un CD. Che tipo di musica?

Cliente: Guardi… è per il mio fidanzato che ascolta solo musica jazz, però vorrei comprargli qualcosa di nuovo, di particolare…

Commerciante: Mah, di particolare. Abbiamo, veramente… la musica jazz… eh… spazia…

Cliente: Io, così come idea perché io non me ne intendo… magari del jazz italiano.

Commerciante: Ah, qualche autore italiano.

Cliente: Sì, se mi può consigliare…

Commerciante: Guardi, io sto ascoltando proprio in questo periodo un certo Paolo Fresu, molto bravo, un trombettista eccezionale.

Cliente: Un trombettista.

Commerciante: Di origini sarde. Sì.

Cliente: Ah, particolare.

Commerciante: Ha venduto diversi dischi. È molto bravo…

Cliente: Ma è giovane… un giovane artista?

Commerciante: Ma guardi, sull'età… non saprei dirle veramente. Altre informazioni non ne ho, se non quello di averlo ascoltato.

Cliente: Mh…

Commerciante: Magari, se vuole visitare il suo sito può vedere…

Cliente: Magari è interessante, magari interessa anche al mio fidanzato.

Commerciante: Ecco sì, se vuole prendere nota.

Cliente: Sì, un attimo che prendo un foglio.

Commerciante: www.thanitart.com/paolofresu/ Sicuramente visitando questo sito può trovare tutte le informazioni che vuole.

Cliente: Sicuramente gli farà piacere. Va bene. Allora prendo questo CD.

Commerciante: Lo prende? Glielo incarto? Deve fare un regalo?

Cliente: Sì, sì è per un regalo, grazie.

17 LA LETTURA

Un testo che sicuramente mi è rimasto nel cuore e nella mente è "Il piccolo principe" di Antoine de Saint-Exupéry che è un libro per bambini ma sicuramente, per quanto mi riguarda, hm… deve essere letto da grandi per poterlo capire bene. Eh… la storia di questo aviatore che cade nel deserto con il suo aereo e incontra questo piccolo principe, questo bambino che è un po' la sua coscienza. E attraverso questo bambino comincia a ragionare sui problemi, sulle emozioni del mondo, sui significati del mondo. È qualcosa che… è un libro che si avvicina molto alla… alla realtà attraverso una finzione che può essere trasposta all'interno del teatro, nella scena e quindi questo tipo… questo genere di letture mi… mi interessano molto.

18 AL TELEFONO

Diego: Pronto?

Paola: Pronto?

Diego: Con chi parlo?

Paola: Sono Paola. Eh, sono Paola.

Diego: Ah, ciao Paola. Sono Diego.

Paola: Eh ciao Diego. Mi passi Monica, per favore?

Diego: Sì, te la chiamo subito, è in casa. Ci risentiamo. Ciao.

Paola: Ciao. Grazie, ciao.

Monica: Pronto?

Paola: Eh pronto, Monica. Ciao, sono Paola.

Monica: Ehi Paola, dimmi!

Paola: Volevo sapere se questa sera volevi venire a teatro a vedere Pirandello "Sei personaggi in cerca d'autore".

Monica: Sì, a che ora è lo spettacolo?

Paola: Lo spettacolo è alle nove. Ho già prenotato i biglietti.

Monica: Hm hm. Perfetto. A che ora sono da te?

Paola: Eh, bhà alle otto. Perché i biglietti li dobbiamo acquistare almeno mezz'ora prima dell'inizio dello spettacolo. Quindi dobbiamo essere alle otto e trenta a teatro.

Monica: OK. Allora passo a prenderti verso le otto e un quarto.

Paola: OK. Grazie.

Monica: Di niente.

Paola: Ciao. Ciao.

19 ANDIAMO AL CINEMA

Fabrizio: Allora vieni a vedere il film?

Eleonora: No, se cambiamo film sì. Però quello proprio no.

Fabrizio: Guarda, è bellissimo. Poi parla di sport, parla di amore, di matrimonio.

Eleonora: Ma dài, ma che sport… Sarà la solita commedia da quattro soldi.

Fabrizio: No, no. Si parla di altri popoli, di altre tradizioni…

Eleonora: Ma non c'è neanche un attore famoso, mh…

Fabrizio: Vabbe' che c'entra, ci deve essere per forza l'attore famoso?

Eleonora: Ma sì, secondo me…

Fabrizio: Anche se non ti piace il calcio…

Eleonora: Ma ci sono tanti altri bei film. Perché dobbiamo proprio…

Fabrizio: Dài vieni a vederlo, poi dopo giudichi.

Eleonora: Ma perché? C'è…

Fabrizio: Non ti piace il titolo?

Eleonora: No, già non mi piace il titolo, non mi piace il genere…

Fabrizio: Vedi, secondo me, ti sei fatta condizionare dal titolo. Vieni dài, forza!

20 ANDARE IN BICI

Fabrizio: Ciao, che bella bicicletta! Sì, ma dove…

Eleonora: Ti piace, eh? Ma non è mia…

Fabrizio: Non è tua?

Eleonora: È di mia sorella. Gliel'hanno regalata al compleanno.

Fabrizio: Che bella…

Eleonora: Ce l'ha da un mese, non l'ha mai usata e allora ho deciso che me la prendo io. Guarda.

Fabrizio: Che bel colore…

Eleonora: È un modello olandese.

Fabrizio: Olandese?

Eleonora: Sì. Frena con i pedali. La vuoi provare?

Fabrizio: No, non mi piace molto andare in bici.

Eleonora: Guarda, è leggerissima. Come? Non ti piace andare in bici…?

Fabrizio: Ci vado solo la domenica, ma…

Eleonora: E dài! Perché non andiamo insieme?

Fabrizio: Organizziamo?

Eleonora: Eh sì, andiamo insieme. Hanno aperto una nuova pista ciclabile che collega la città col mare.

Fabrizio: Ah, benissimo.

Eleonora: Tutta in campagna, tranquilla, così anche se non sei abituato... Dài, ti faccio anche provare la bicicletta mia. Guarda, è leggerissima.

Fabrizio: No, non vorrei cadere, perché se frena con i pedali poi mi confondo…

Eleonora: Ma ti abitui subito.

Fabrizio: No, no guarda, veramente. Preferisco la mia.

Eleonora: Guarda.

Fabrizio: Quella di mio padre, è vecchissima, frena con i freni tradizionali.

Eleonora: Va be', andiamo. Sì solo che, vatti a fare venti chilometri con una bicicletta tradizionale. Comunque…

Fabrizio: Come? Una ventina di chilometri dobbiamo fare?

Eleonora: Dài, non sono molti. Poi arriviamo al mare, dài ci organizziamo, prepariamo i panini, arriviamo lì…

21 LA SCUOLA E LO STUDIO

Dopo la terza media mi sono iscritta al liceo classico perché mi piace molto la letteratura italiana e perché anche i professori me l'hanno consigliato. Eh... ho scelto però di fare una sezione sperimentale in cui studio informatica dal primo anno e per tutti i cinque anni studio anche storia dell'arte. Mentre invece l'inglese lo faccio soltanto per i primi due anni. Poi ogni anno abbiamo latino, greco, storia e geografia. Eh... mi dispiace soltanto che non potrò fare inglese per tutti e cinque gli anni. Magari lo studierò privatamente.

22 VACANZE IN AGRITURISMO

Patrizia: Eh... vi consiglio quest'agriturismo in Toscana. Eh... io mi sono trovata molto bene. Non è costoso, eh. A me è piaciuto molto.

Angela: Noi avremmo bisogno di tranquillità. Si sta tranquilli, lì?

Patrizia: Sì, sì. È un posto molto tranquillo.

Fabrizio: Eh... e poi un'altra cosa. In realtà... siccome poi arriviamo in treno eh... lì nei paraggi...

Patrizia: Ah... Arrivate in treno. Non andate in macchina?

Fabrizio: No, non abbiamo macchina.

Patrizia: Ah, ho capito.

Fabrizio: Cioè, o meglio, pensiamo di non utilizzare la macchina per quei giorni, proprio per... per maggiore pace.

Patrizia: Guarda, io sono andata in macchina, però ho visto delle persone che sono venute in autobus. C'è un autobus che vi porta in un paesino lì vicino e da lì potete chiamare l'agriturismo e vi verranno a prendere.

Fabrizio: Perfetto, perfetto. Va benissimo. Quello per noi è essenziale. Eh... mah... volevo capire poi... tutto compreso: nel... nel prezzo è compreso anche il pranzo, la cena. C'è un pernottamento, pranzo e cena oppure...

Patrizia: Sì. Nel prezzo è... nel prezzo è compresa la colazione, il pranzo e la cena.

Fabrizio: Ah quindi è tutto completo. Ho capito.

Patrizia: È pensione completa, direi.

Fabrizio: Una curiosità: ma si fanno begli incontri?

Patrizia: Senti... lì vedrai tu...

23 GLI ANIMALI

Piera: Il mio cane dorme con me.

Ippolito: Come scusa?

Piera: Il mio cane dorme in camera con me, sul mio letto.

Ippolito: Ma per favore... Guarda, io non sopporto gli animali in casa, cioè proprio non... è una cosa che mi dà fastidio anche perché secondo me sono pericolosi. Figurati nel letto. No, no tu sei pazza.

Piera: Ma perché? Sono... il mio cane è così carino e mi fa le coccole quando mi sveglio.

Ippolito: Ma lascia perdere che è carino e ti fa le coccole. Il problema non è quello. Cioè ma all'igiene non ci pensi?

Piera: Va be'. Il cane è pulito se lo tieni pulito, voglio dire cioè... Io il mio cane lo lavo una volta ogni due/tre settimane.

Ippolito: Guarda, scusa Piera. Ma gli animali sono animali, gli uomini gli uomini. Il fatto che tu lo lavi una volta alla settimana ad esempio non vuol dire nulla. Perché lui, comunque, magari, il pomeriggio, l'ora prima di venire a letto è stato là, in giardino ha scavato o ha mangiato qualche piccolo insetto, qualche animale, qualche verme.

Piera: Va be', comunque, sì, però... dipende dalla... dalla cura che tu hai dell'animale, dalle attenzioni e quindi lo puoi tenere in casa. Se il cane è piccolo ovviamente ha bisogno di spazi piccoli, se è più grande ha bisogno di spazi più grandi.

24 IN AEROPORTO

1.

Attenzione prego.
Meridiana partenza per Cagliari volo 654 imbarco immediato uscita 5.
Meridiana volo 654 per Cagliari.

2.

Attenzione prego.
I signori passeggeri in partenza per Sharm El Sheik con il volo Shorouk 321 non ancora in possesso di carta d'imbarco sono pregati di presentarsi al banco 7 presso l'area charter situata al piano terra. Grazie.

3.

Attenzione prego.
Alitalia è spiacente di informare che il volo 545 in partenza per Brindisi subirà un ritardo di 50 minuti circa per avverse condizioni meteorologiche sull'aeroporto di Brindisi.

4.

Attenzione prego.
Newfly informa che il volo 754 proveniente da Londra è stato cancellato per motivi tecnici.

25 CONGRATULAZIONI!

1.

Sono Pietro del CTM, volevo farvi tantissimi auguri da parte anche di tutti noi. Ehi, ci sentiamo presto. Ciao.

2.

Sono Carla. Tanti auguri. Ritelefonerò. Ciao.

3.

Sono Elettra. Volevo felicitarmi per la nascita di Matilde. Io e Roberto siamo... siamo contenti proprio e quando tornate a casa poi ci vediamo. Auguri ancora. Un bacio. Ciao Elettra.

4.

Ciao Matilde, è la zia Sondra che ti parla. Ho scoperto il tuo nome nel pomeriggio. Benvenuta su questo pianeta! Spero che la tua mamma stia bene e mi piacerebbe sentirvi. Un bacione. Ciao.

5.

Vi credo che siete assenti! Volevo farvi gli auguri... alla nuova arrivata Matilde, a te Paola e a Roberto, ormai padre. Sono Massimo, poi ci sentiamo. Ciao.

26 AL MUSEO

Eleonora: Ippolito, vieni a vedere questo disegno. Secondo me è il più bello. È il più misterioso perché questa donna messa di tre quarti, con il viso un po' nascosto...

Ippolito: Ma guarda, guarda quest'anziana signora. Guarda che tratti, sembra veramente vecchissima. Magari è una centenaria.

Eleonora: Mh... Invece quella bambina, con gli occhi un po' sognanti. Però, secondo me, sta fissando qualcosa. Guarda la bocca... è un po' aperta: sembra che voglia parlare, voglia dire qualche cosa.

Ippolito: Forse sta fissando la Madonna col bambino che ha davanti. È bellissimo il disegno. Sembra che si muova il bambino, hai visto?

Eleonora: E guarda questo disegno che c'è di fronte alla Madonna col bambino. Ma ti sembra il caso? Cioè, una donna nuda...

Ippolito: Ma è arte!

27 BELLE QUELLE SCARPE!

Francesco: Che belle scarpe!

Carla: Belle, vero? Questo è il mio ultimo acquisto.

Francesco: Dove le hai comprate?

Carla: In un negozio nuovo che hanno aperto nel centro storico. Un po' difficile da trovare però secondo me ne vale veramente la pena.

Francesco: Costano tanto?

Carla: Guarda, questo modello in particolare sì. Però con i saldi mi è venuto proprio niente, se consideri che sono di cuoio. Guarda come è particolare il tacco.

Francesco: Eh, tu sei fissata. Sei fissata.

Carla: Sì, sono fissata. Guarda, potessi me ne comprerei un paio al giorno. Però in questo negozio veramente ci sono dei saldi incredibili...

28 UN RACCONTO

Una volta, quand'ero di ritorno da un viaggio a Londra, ho incontrato all'aeroporto di Roma, agli arrivi internazionali, due miei cugini che arrivavano anche loro da un viaggio in Spagna. Eh... sono due cugini che vivono nella mia stessa città eppure non ci incontriamo mai. Quindi quando ci siamo incontrati, ci siamo messi a parlare per un sacco di tempo, ci siamo raccontati il viaggio, come stavamo noi, quello che stavamo facendo. Abbiamo perso la cognizione del tempo. Quando poi abbiamo deciso di passare alle partenze nazionali, abbiamo scoperto che ci avevano chiamato per un sacco di tempo e poi alla fine il nostro aereo era decollato.

29 DARE INDICAZIONI

Eleonora: Allora questa sera ci diamo appuntamento alla Prefettura.

John: Alla Prefettura? Non conosco la Prefettura… dov'è?

Eleonora: Eh… tu sai arrivare al Castello perché la stanza del Bed & Breakfast è lì vicino.

John: Sì, conosco l'entrata principale, sì.

Eleonora: Allora tu ti metti di spalle all'entrata principale del Castello e vai a destra. Percorri tutto il viale, passi davanti al teatro quello che abbiamo visitato l'altro giorno… il teatro…

John: Politeama.

Eleonora: Sì, esatto. Passi davanti a quel teatro, continui ad andare dritto ad un certo punto alla tua destra c'è la villa comunale. A sinistra, proprio di fronte all'entrata della villa comunale c'è quella della Prefettura.

John: È il viale alberato?

Eleonora: Sì, è quel viale alberato grande, con gli alberi da una parte e dall'altra. La villa comunale la riconosci subito perché è recintata. È verde.

John: Eh sarebbe la parte posteriore del Castello, non del Castello…

Eleonora: No, della chiesa quella che abbiamo visto ieri… quella di Santa Croce.

John: Ah, Santa…

Eleonora: … e del Palazzo dei Celestini.

John: Ah, del Palazzo dei Celestini. Ho capito.

Eleonora: Esatto. Alle spalle della Prefettura ci sono quelle. Le abbiamo viste ieri sera.

John: Quindi sono cinque minuti a piedi.

Eleonora: Sì, cinque minuti. Io non vengo a prenderti perché c'è traffico. La strada è molto trafficata.

John: Va bene.

30 IN BIBLIOTECA

Studente: Buongiorno. Sono uno studente universitario, sono iscritto al primo anno. Volevo sapere se posso consultare o prendere in prestito i libri della biblioteca.

Bibliotecaria: Lei è studente presso questa facoltà?

Studente: Sì, sì. Certo. Studio qui.

Bibliotecaria: Bene, allora per entrare in biblioteca deve fare un tesserino.

Studente: E per la consultazione o il prestito?

Bibliotecaria: I libri possono essere consultati qui, oppure può chiederli in prestito a domicilio. Per le richieste invece deve compilare dei moduli.

Studente: Senta, quanti libri posso richiedere?

Bibliotecaria: Massimo tre.

Studente: Ho capito. Ci sono dei moduli da compilare?

Bibliotecaria: I moduli sono questi: i moduli gialli sono per la consultazione, quelli per il prestito invece sono azzurri.

Studente: Quali sono gli orari della biblioteca?

Bibliotecaria: La biblioteca è aperta tutti i giorni dalle 9 alle 17.30. Il sabato e la domenica invece è chiusa.

Studente: Eh va bene, vorrei fare il tesserino. Devo consegnarle una carta d'identità…

Bibliotecaria: Sì, un qualsiasi documento di riconoscimento va bene.

SOLUZIONI

1 SALUTI pagina 8

Esercizio 1
1 Ciao, Mario.
2 Buongiorno, signor Neri.
3 Buonasera, signora De Maria.
4 Buonanotte, mamma.

Esercizio 2
A **due conoscenti:** dialogo 5
B **una madre e un figlio:** dialogo 3
C **due amici:** dialoghi 1 e 2
D **un professore e una studentessa:** dialogo 4

Esercizio 3
Dialogo 1: Ciao, ci sentiamo.
Dialogo 2: Ciao.
Dialogo 3: Ciao.
Dialogo 4: Buongiorno.
Dialogo 5: Buongiorno.

Esercizio 4
Saluti informali: ciao, ci vediamo, ci sentiamo
Saluti formali: arrivederla, arrivederci
Saluti informali/formali: buongiorno, buonasera, buonanotte, salve

2 AZIONI QUOTIDIANE pagina 9

Esercizio 1
1 Si sveglia.
2 Si alza.
3 Fa colazione.
4 Si lava.
5 Si veste.
6 Esce di casa.

Esercizio 2
1 V; **2** F; **3** F; **4** F

Esercizio 3
Il lunedì alle due; il sabato alle dodici; il martedì, il mercoledì e il giovedì all'una

Esercizio 4
Risposta libera

3 UNA RICETTA pagina 10

Esercizio 1
1 E; **2** C; **3** G; **4** A; **5** J; **6** B; **7** K; **8** L; **9** F; **10** H; **11** I; **12** D

Esercizio 2
melanzane: 4 grosse; **pomodori:** 400 grammi; **mozzarella:** 1; **uova:** 2; **cipolla:** 1; **basilico:** qualche foglia; **parmigiano:** 50; **olio:** 1 bicchiere; **farina e sale:** quanto basta

Esercizio 3
A 4 (soffrigere la cipolla e versare i pomodori)
B 2 (tagliare a fette le melanzane)
C 7 (disporre uno strato di mozzarella e uovo sodo e qualche cucchiaiata di salsa di pomodoro)
D 8 (mettere nel forno)
E 6 (disporre uno strato di melanzane e spolverare di parmigiano)
F 3 (cuocere le uova)
G 5 (lavare le fette di melanzane)
H 1 (lavare le melanzane)

4 LE LINGUE STRANIERE pagina 11

Esercizio 1
Risposta libera

Esercizio 2
1 V; **2** F Angela viene dall'Inghilterra; **3** V; **4** F Angela studia l'italiano da molto tempo; **5** F Fabrizio non capisce l'inglese molto bene.

Esercizio 3
A – Ciao, come stai?
– Ti vedo in forma.
– Eh, sì, sì, sto bene.
B – Piacere. Molto piacere.
– Il piacere è tutto mio.

Esercizio 4
1 Povero lui!
2 Caspita!
3 Beata lei!
4 Beati voi!

5 INDOVINA CHE COS'È pagina 12

Esercizio 1
1 triangolo
2 cerchio
3 quadrato
4 rettangolo

Esercizio 2
Il campo di calcio

Esercizio 3
È **lungo** cento metri e **largo** una quarantina di metri. Al centro c'è un **grande cerchio**. Ai lati ci sono dei **pali** con delle **reti**.

Esercizio 4
1 Risposta libera
2 Risposta libera
3 L'Everest è alto 8.846 metri.

6 IL VIAGGIO PIÙ BELLO pagina 13

Esercizio 1
1 check in
2 passeggeri
3 bagagli
4 aereo
5 torre di controllo

Esercizio 2
1 Winnipeg
2 in Canada
3 è molto grande
4 le cascate del Niagara

Esercizio 3
1 da Brindisi
2 da Roma e da Toronto

Esercizio 4
1 La parte del mondo più bella che ho visto è sicuramente l'America.
2 La città che ho visitato è Winnipeg.
3 Le strade sono enormi.
4 L'esperienza è stata straordinaria.

7 VIAGGIARE IN TRENO pagina 14

Esercizio 1
1 il finestrino
2 i passeggeri
3 il sottopassaggio
4 il treno
5 il binario

Esercizio 2

	Tipo di treno	Stazione di partenza	Destinazione
Annuncio 1	Eurostar	Bologna	Roma
Annuncio 2	Espresso	X	Napoli
Annuncio 3	Espresso	Lecce	Torino

Esercizio 3
1 È cambiato il binario.
2 Devono andare al binario 4 e non al binario 3.

Esercizio 4
Da sud a nord: Lecce, Brindisi, Bari, Foggia, Pescara, Ancona, Rimini, Bologna, Piacenza, Alessandria, Torino

8 PUBBLICITÀ pagina 15

Esercizio 1
1 lo strofinaccio
2 lo spazzolone per i pavimenti
3 il rasoio
4 il detersivo per i piatti
5 l'aspirapolvere
6 il dentifricio
7 lo spazzolino da denti
8 la crema per il viso

Esercizio 2
Annuncio 1: placca dentale, salute orale, gengive
Annuncio 2: radervi, pelle
Annuncio 3: piace, pelle sensibile
Annuncio 4: prodotto, pavimenti, strofinaccio

Esercizio 3
spazzolino da denti (annuncio 1); rasoio (annuncio 2); crema per il viso (annuncio 3); spazzolone per pavimenti (annuncio 4)

9 IL TEMPO LIBERO pagina 16

Esercizio 1
1 la ginnastica aerobica; **2** il pattinaggio su ghiaccio; **3** lo sci alpino; **4** il nuoto; **5** il windsurf; **6** la corsa; **7** i pesi; **8** l'equitazione

Esercizio 2

	gli/le piace	gli/le non piace	gli/le piacerebbe	non potrebbe mai
Paolo	nuotare	sciare	pattinaggio su ghiaccio	X
Francesca	correre, fare ginnastica, fare pesi	X	X	calcio
Eleonora	andare a cavallo, correre, camminare, sciare	X	X	X

Esercizio 3
Risposta libera

Esercizio 4
Risposta libera

10 DESCRIVERE PERSONE pagina 17

Esercizio 1
Risposta libera

Esercizio 2
Identikit 2: pochi capelli, barba incolta, senza occhiali

Esercizio 3
Ha rubato il portafogli al Sig. Rossi.

Esercizio 4
Parti del corpo: sopracciglia, capelli, occhi, barba
Oggetti: portafoglio, occhiali

Esercizio5
Risposta libera

11 AL BAR pagina 18

Esercizio 1
1 caffè
2 cappuccino
3 cappuccino, latte macchiato, caffelatte
4 latte macchiato
5 caffè macchiato

Esercizio 2
1 un cappuccino senza cacao
2 un cornetto con la nutella

Esercizio 3
1 insalata
2 panino
3 olive
4 pizza
5 salatini
6 pasta asciutta
7 bruschetta

Esercizio 4
Giovanni: un'insalata con il radicchio, una birra piccola alla spina.
Eleonora: un panino con i gamberetti, una birra media alla spina.
Tutti e due ordinano anche dei salatini e delle olive.

12 LA CASA pagina 19

Esercizio 1
Risposta libera

Esercizio 2
1 B; **2** C; **3** A; **4** D

Esercizio 3
Risposta libera

Esercizio 4
Risposta libera

13 I TRASPORTI PUBBLICI pagina 20

Esercizio 1
1 aereo; **2** autobus; **3** macchina; **4** treno

Esercizio 2
1 A Roma.
2 No, infatti non è più abituata.
3 Sì.
4 Hanno opinioni diverse.

Esercizio 3

	Preferisce viaggiare...	Perché?
il ragazzo	in Eurostar	È un treno veloce.
la signora	con il treno interregionale	È lento e si può guardare il paesaggio.

Esercizio 4
Risposta libera

14 AMBIENTI NATURALI pagina 21

Esercizio 1
Savana: il leone, la giraffa, la scimmia, l'elefante, il serpente
Giungla: la scimmia, l'elefante, il serpente, il coccodrillo
Foresta equatoriale: la scimmia, il serpente
Deserto: il cammello, il dromedario

Esercizio 2
1 F; **2** V; **3** F; **4** V

Esercizio 3
È arrivata a Douala in **aereo**. Da Douala a Yaoundè ha viaggiato in **autobus**. Invece, da Yaoundè ha raggiunto il nord in **macchina**.

Esercizio 4
Risposta libera

15 OPERAZIONI MATEMATICHE pagina 22

Esercizio 1
30 + 50: più, addizione; 1200 – 134: meno, sottrazione; 80 x 53: moltiplicazione; 2432 : 8: diviso, divisione

Esercizio 2
1,50 / un euro e cinquanta Cents; 10,15 / dieci euro e quindici Cents; 3,01 / tre euro e un Cent

Esercizio 3
Spese di Monica: 10 euro dal **salumiere**; **2,50 euro** per **acqua**; **25 euro** per **bolletta luce**. Totale Monica: **37, 50 Euro**.
Spese di Piero: 10 euro per **benzina**; **50 euro** per **riparazione auto**.
Totale Piero: 60 euro.
Monica deve dare a Piero 22,50 euro.

Esercizio 4
1 Quattro, 4
2 Millequarantaquattro, 1044
3 Duemiladuecentosettantacinque, 2275
4 Centosessanta, 160

16 LA MUSICA pagina 23

Esercizio 1
1 la cassetta; **2** il registratore; **3** il lettore CD; **4** le casse; **5** il CD; **6** la radio

Esercizio 2
1 il violino; **2** il pianoforte; **3** la tromba; **4** la chitarra

Esercizio 3
1 Desidera comprare un CD per il suo ragazzo.
2 La ragazza non sembra molto informata.

Esercizio 4
1 Di Paolo Fresu.
2 La tromba.
3 È sardo.
4 Jazz.

Esercizio 5
Il sito è www.thanitart.com/paolofresu/

17 LA LETTURA pagina 24

Esercizio 1
Risposta libera

Esercizio 2
1 Dante Alighieri
2 Umberto Eco
3 Niccolò Ammanniti

Esercizio 3
1 Un aviatore e n piccolo principe.
2 È la storia di un aviatore che cade nel deserto con il suo aereo e incontra un piccolo principe con il quale parla di emozioni e dei problemi del mondo.
3 È un libro per bambini ma, secondo Ippolito, è necessario leggerlo da grandi per poterlo capire bene.
4 È un libro in cui la finzione si avvicina molto alla realtà e può essere perciò facilmente rappresentato in teatro.

Esercizio 4
Un testo che sicuramente mi è rimasto nel cuore e nella mente è *Il piccolo principe* di Antoine de Saint-Exupéry.

18 AL TELEFONO pagina 25

Esercizio 1
– Pronto.
– Pronto. Con chi parlo?
– Sono Riccardo.
– Ciao, Riccardo. Sono Carla.
– Ciao, Carla. Mi passi Monica, per favore?
– Sì, te la chiamo subito. È in casa.
– Sì, grazie.
– Ci sentiamo.
– Ciao.

Esercizio 2
1 Diego.
2 Sì.
3 *Sei personaggi in cerca d'autore* di Luigi Pirandello.
4 Alle nove.
5 Paola.

Esercizio 3
1 Verso le otto e un quarto.
2 Alle otto e mezza, per comprare i biglietti almeno mezz'ora prima dello spettacolo.

Esercizio 4
1 sette e cinquanta / otto meno dieci
2 cinque e un quarto
3 tre e mezza
4 nove e trentacinque

19 ANDIAMO AL CINEMA pagina 26

Esercizio 1
Risposta libera

Esercizio 2
1 Al cinema.
2 Di sport e d'amore.
3 No. Secondo lei, il film è una brutta commedia.
4 Eleonora.
5 Significa che è una commedia che vale poco.

Esercizio 3
Possibili risposte: **1** A, E; **2** A, B, C; D; **3** A, B; **4** A, B; **5** A, B, D

Esercizio 4
C, A, B

20 ANDARE IN BICI pagina 27

Esercizio 1
1 il fanalino
2 il sellino
3 il manubrio
4 la ruota
5 i pedali

Esercizio 2
1 Fabrizio pensa che la bicicletta di Eleonora sia molto bella.
2 La bicicletta di Eleonora è particolare perché frena con i pedali.
3 Eleonora propone a Fabrizio di provare la sua bicicletta e di fare insieme una gita in bici.
4 Devono fare circa venti chilometri.
5 A Fabrizio sembrano molti.

Esercizio 3
Possibili risposte:
A – Dài, lavati i denti!
– Non voglio lavarmeli.

B – Dài, vieni!
– Non voglio uscire.

21 LA SCUOLA E LO STUDIO pagina 28

Esercizio 1
1 Storia
2 Letteratura Latina
3 Storia dell'arte
4 Grammatica greca
5 Matematica

Esercizio 2
Geografia, Inglese, Latino, Storia, Storia dell'arte, Informatica, Greco

Esercizio 3
1 La scuola superiore.
2 Studia informatica, storia dell'arte, latino, greco, storia e geografia per cinque anni. Inglese per i primi due anni.
3 A Eleonora dispiace non poter studiare inglese per cinque anni.

Esercizio 4
Risposta libera

22 VACANZE IN AGRITURISMO pagina 29

Esercizio 1
L'agriturismo più adatto è il numero 3.

Esercizio 2
1 F; **2** V; **3** F

Esercizio 3
B (treno), **A** (autobus), **C** (macchina)

Esercizio 4
Il prezzo comprende la pensione completa con pernottamento, colazione, pranzo e cena.

Esercizio 5
Risposta libera

23 GLI ANIMALI pagina 30

Esercizio 1
A la pecora
B il topo
C il cane
D il leone
E la lucertola

1 C il cane
2 B il topo
3 E la lucertola
4 A la pecora
5 D il leone

Esercizio 2
1 F; **2** V; **3** F; **4** V

Esercizio 3
La risposta più probabile è B. Infatti: A non può essere perché i due ragazzi usano espressioni come "ma tu sei pazza" che non si usano tra persone che non si conoscono bene e C non può essere perché in Italia questo modo di discutere non è solitamente ritenuto agressivo, se le persone si conoscono bene e sono in confidenza.

Esercizio 4
Risposta libera

24 IN AEROPORTO pagina 31

Esercizio 1
1 Al banco check in.
2 All'ufficio assistenza bagagli.
3 Solitamente nel proprio paese basta la carta d'identità, per andare in alcuni stati esteri è necessario il passaporto ed in alcuni casi il visto.

Esercizio 2
1 Arrivi
2 Cambio valuta
3 Sala attesa
4 Negozi
5 Imbarchi
6 Controllo passaporto

Esercizio 3

1 Meridiana 654	a Cagliari	imbarco immediato all'uscita 5	l'aereo parte
2 X	a Sharm El Sheik	andare banco 7	per carta d'imbarco
3 Alitalia 545	a Brindisi	ritardo 50 minuti	avverse condizioni atmosferiche
4 Newfly 754	da Londra	cancellato	per motivi tecnici

Esercizio 4
Risposta libera

25 CONGRATULAZIONI! pagina 32

Esercizio 1
1 Congratulazioni!
2 Buon compleanno!
3 In bocca al lupo!
4 Condoglianze.

Esercizio 2
1 Sono messaggi di augurio. È nata una bambina.
2 Matilde.
3 Paola e Roberto.

Esercizio 3
Messaggio 1: Volevo farvi tantissimi auguri.
Messaggio 2: Tanti auguri!
Messaggio 3: Volevo felicitarmi per la nascita di Matilde.
Messaggio 4: Benvenuta su questo pianeta!
Messaggio 5: Volevo farvi gli auguri.

Esercizio 4
Possibili risposte:
1 Congratulazioni!
2 Buon compleanno!
3 Congratulazioni! / In bocca al lupo!
4 Congratulazioni! / Buon compleanno!

26 AL MUSEO pagina 33

Esercizio 1
Risposta libera

Esercizio 2
A 5; B 3; C 1; D 2; E 4

Esercizio 3
1 D, 2 C, 3 B, 4 A

Esercizio 4
La frase si riferisce al disegno che si trova di fronte alla Madonna con bambino.

27 BELLE QUELLE SCARPE! pagina 34

Esercizio 1
1 gonna
2 pantaloni
3 scollo
4 manica
5 tacco

Esercizio 2
Risposta libera

Esercizio 3
1 In un negozio nel centro storico.
2 Sì.
3 Mi è venuto proprio niente. (Attenzione: questa espressione non è molto diffusa!)
4 Risponde: "Belle, vero?"
5 Significa che è molto, e forse eccessivamente, appassionata di scarpe. (Attenzione: questa espressione a volte può risultare offensiva.)

Esercizio 4
Risposta libera

28 UN RACCONTO pagina 35

Esercizio 1
A 4; B 2; C 1; D 3

Esercizio 2
1 Dalla Spagna.
2 No, vivono nella stessa città.
3 Perché si sono messi a parlare per un sacco di tempo.

Esercizio 3
Risposta libera

29 DARE INDICAZIONI pagina 36

Esercizio 1
Due risposte possibili:
A Si deve andare dritto fino al secondo incrocio, poi girare a destra e andare fino al primo incrocio: la farmacia è sulla destra all'angolo.
B Si deve andare fino al primo incrocio e poi girare a destra e al primo incrocio girare a sinistra: la farmacia è sulla destra all'angolo.

Esercizio 2
1 Alla Prefettura.
2 Vicino.
3 Cinque minuti a piedi.
4 Perché c'è traffico.

Esercizio 3
1 Castello
2 Teatro Politeama
3 Villa comunale
4 Prefettura
5 Chiesa di Santa Croce
6 Palazzo dei Celestini

30 IN BIBLIOTECA pagina 37

Esercizio 1
1 prendere in prestito
2 il documento di riconoscimento
3 consultare
4 tesserino

Esercizio 2
1 Bisogna fare un tesserino.
2 Si devono compilare dei moduli.
3 Massimo tre.

Esercizio 3
1 Gialle.
2 Azzurre.
3 Alle nove.
4 Alle diciassette e trenta.

Esercizio 4
Risposta libera

LISTA DEI VOCABOLI

Accanto ad ogni singola parola o espressione è indicato il numero di scheda in cui compare. Nella maggior parte dei casi i verbi sono riportati all'infinito. In corsivo sono indicate le espressioni utilizzate nelle registrazioni per lo più come segnali discorsivi (*allora*, *guarda*, ecc.).